1　徳川将軍家旧蔵のゴヨウマツ「三代将軍」（宮内庁）

2　旗本・井関家の鉢木。手前「下総作り」、右奥「猿猴作り」、左奥「拝領ノ鉢木」
（『井関隆子日記』昭和女子大学図書館）

盆栽の誕生

Bonsai

依田 徹〈著〉

大修館書店

盆栽好きの父に

はじめに

❖——盆栽とは何か？

今日、世界各国で〝ＢＯＮＳＡＩ〟という言葉が通用している。「盆栽《ぼんさい》」は、まさに日本から世界へと広がった趣味なのである。

では「盆栽」とは何かというと、これを説明することは、意外とむずかしい。まず「盆栽」と「鉢植《はちう》え」はどう違っているのか、ここを考えなければならない。どのような植物であれ、単純に鉢の中で育てれば、それは「鉢植え」となる。しかし「盆栽」は、ただの「鉢植え」ではない。鉢に植えて育てながらも、その樹木の姿かたちに手を加え、年数をかけて鉢の中に一つの景色を生み出していく、これが「盆栽」なのである。

このように盆栽を説明すると、それは樹木を苦しめているようだという方がいる。なるほど、小さな鉢の中で、わずかな土、最低限の水で育てられている盆栽は、動物でいえば虐待に近いかもしれない。しかしこの限られた土と水という環境でこそ、小さな姿のままで、年数を重ねることが可能となる。

また枝を切ったり曲げたりする行為を、人間の身勝手だと嫌悪する方もいる。しかし木を子どもにおきかえて考えてみると、どうだろうか。近年、子どものしつけが問題となっている。「子どもの自由にさせている」と説明する親も多いが、それは言ってみれば放任主義である。これを盆栽におきかえれば、枝葉がぼうぼうと伸びきってしまった状態となる。良い枝を伸ばし、悪い枝を切っておく、これは決して悪いことではないだろう。

もう一つよく聞かされるのが、「放置する方が自然ではないか」という勘違いである。しかし鉢植えであれ、庭木であれ、人間の生活空間に入った段階で、自然からは切り離されているのであり、それをそのまま放置しておいても、「自然」の美しさなどは出ないのである。岡倉天心は『東洋の理想』の中で、雪舟の水墨画を「自然の描写ではなく、自然に関するエッセイなのだ」と述べる。この考えは、盆栽にも当てはまるだろう。盆栽もまた、自然からそのエッセンスを抽出し、鉢の中に再現することを目指す文化なのである。

何よりも、盆栽には育てる楽しみがある。世話をした樹木が、花を咲かせ、紅葉し、果実をみのらせる。その確かな手ごたえは、生き物を相手にしているからこその喜びである。そして葉を落とした姿で冬をこした落葉樹は、新春になると新芽を伸ばしはじめる。この新芽の瑞々しさは、春のおとずれを何よりも雄弁に語ってくれるものである。樹木の種類にもよるが、マツ類などは鉢の中でも数百年の歳月を生きる場合がある。自分よりも長く生きる生命の世話をし、自分の死んだ後までも伝えていくという、時間をこえる存在と関わること、これも盆栽が多くの人をひきつける理由の一つだろう。

❖——盆栽は美術品か？

美術史を本業とする筆者としては、ここで盆栽は「美術作品」かどうかを問題としたい。

美術作品として見るならば、盆栽とは生きたままの樹木を素材とし、これに手を加えた造型作品ということになるだろうか。しかし盆栽愛好家に聞くと、盆栽を「作品」と呼ぶことに抵抗を覚える方が多いようである。

盆栽は、何よりも生きた樹木である。水やりなどを通して、木のコンディションを確認しながら、言いかえれば「木と対話しながら」作りあげていくものである。盆栽に打ち込む人ほど、樹木が人間のわがままにおとなしく従うものではないことを知っている。

そして盆栽は、長い年月を費やして行うものであり、木によっては江戸時代から何人もの人手をわたってきたものもある。所有者が変わるごとに、その美意識によって改作が行われ、幹の傾斜や枝ぶりといった造型的特徴にも変更が加えられることさえある。一人の制作者が個性を表現するのが「美術作品」だとすれば、盆栽はその範疇からはずれてしまうのである。

そして盆栽の造型は日々変化を続け、完成するということがない。有名な木であれば、昭和の盆栽の写真帳を追って昔の姿を確認することもできるが、幹が太く成長しているだけでなく、枝ぶりにも大きな変化が見られる。もちろん手入れが行き届かなかった場合は樹勢を落とし、枝や幹を失ったり、最悪は枯死してしまうこともある。しかし力強く隆起した根元、歳月を経て厚みをもった樹皮などは、年数を重ねた盆栽ならではの魅力である。このような人間の力だけでは生み出せない部分、それが植物に対して畏敬の念を呼び起こすのである。

「盆栽は人間が身勝手に作ったものではない」、この意識こそが、盆栽という文化の根底である。冒頭の設問に戻れば、いわゆる美術作品とは大きく異なる部分といえる。

❖——盆栽は伝統文化か？

ではこの「盆栽」という文化は、いつ、どのようにして生まれたのだろうか。日本の盆栽の歴史を、時代をさかのぼって解き明かして行くことこそ、この本の主題である。

鉢に穴をあけ、木を植えて育てる「鉢植え」は、古くは平安時代に行なわれていたことが確認できる。鎌倉時代には、石に木を根付かせた「盆山《ぼんさん》」も登場してくる。しかしこうした「鉢植え」「盆山」から、いつ「盆栽」へと移行したのかというと、明確な線引きはむずかしくなる。

そもそも「盆栽《ぼんさい》」という言葉は、その登場が遅い。古くから使われていたのは「盆山」や「鉢木《はちのき》」、「作りの松」といった名前である。江戸時代の園芸書には、「盆栽」に「はちうえ」というふり仮名が付けられている例さえある。これを音読みに変えた「ぼんさい」という呼び方は、およそ明治時代に入ってから定着したのである。

そして私がこの本を通じて述べたいのは、江戸時代と現代とでは、盆栽の作り方から美意識まで、大きく異なっていたという事実である。江戸時代にさかのぼる古い盆栽も残っているが、それらは現在の「盆栽」の美意識で改作されている。では江戸時代の盆栽（鉢木）は、どんな樹形をしていたのか、どんな鉢に植えられていたのかは、わずかな文献や絵画などから探るしかないのである。

このような変化は、ひとり盆栽のみの話ではない。今日にのこされている日本の「伝統文化」、たとえば茶の湯や生け花なども、明治維新以降に大きく変貌を遂げている。ただ盆栽には、中国趣味として発達していたなど、特殊な事情もあった。盆栽という世界ならではの、独自の近代化の道筋があったのである。

我々がふだん何気なく使っている「伝統」とは何か、そのような疑問を頭の片隅におきながら、盆栽の歴史にお付き合い願いたい。

（古文の引用は先に筆者による意訳文を掲げ、後に原文を置いた。原文中の旧字は新字に、近代以降の原文は新字新仮名に改めた。）

目次

はじめに……iii
盆栽とは何か？……iii
盆栽は美術品か？……v
盆栽は伝統文化か？……vi
第一章　「鉢木」と「盆山」……1
織田信長の「盆山」狩り……2
吉田兼好と「鉢木」……4
正倉院の「仮山」……7
足利義政と「盆山」……12
足利将軍家の盆山愛好……16
出光美術館の「盆栽図屏風」……20
石菖鉢と盆石……22

〈コラム〉松花堂昭乗と椿の石台……27

第二章　徳川将軍の植木棚をさぐる……31

江戸の園芸文化……32
徳川家綱と盆山献上……34
徳川家宣の植木鉢……40
徳川家斉と「下総作り」……44
江戸時代の鉢木……48
鉢山水と占景盤……54
外国人の見た江戸の園芸……57
〈コラム〉横井時冬の『盆栽考』……62

第三章　「盆栽」の誕生……65

煎茶の流行と「文人盆栽」……66
盆栽園の起源……71

香樹園と苔香園……74
靖国神社庭園について……78
「盆栽」の誕生……83
〈コラム〉大宮盆栽村の開村……89

第四章　近代の盆栽愛好家たち……93

盆栽愛好の広がり……94
皇室と盆栽……96
岩崎家の盆栽……100
大隈重信と伊東巳代治……103
西園寺公望と住友友純……106
大谷光瑩と河合蔦蔵……111
慶應義塾と小天地会……112
益田孝、中野忠太郎、郷誠之助、根津嘉一郎……115

松平頼寿と国風盆栽展……120
〈コラム〉楽茶碗と盆栽……125

第五章　盆栽の器と飾り方……129

盆栽の器……130
染付の鉢……132
泥物の名品……136
近代の鉢……139
盆栽の飾り……142
座敷飾り……144
展覧会の登場……148
〈コラム〉幻の陶工・呑平……153

おわりに……155

盆栽の美意識……157

世界へ広まる盆栽……159
付録……178
盆栽を知ろう……177
盆栽を見よう……167
主要参考文献……162

第一章

「鉢木」と「盆山」

❖——織田信長の「盆山」狩り

あの織田信長《おだのぶなが》が盆栽を好んだ、こう言ったら信じてもらえるだろうか。もっとも、現在でいうところの盆栽ではなく、「盆山《ぼんさん》」「鉢木《はちのき》」と呼ばれたものであったが、確かな記録がある。公家で京都郊外の吉田神社の神主でもあった吉田兼見《よしだかねみ》の日記、『兼見卿記《かねみきょうき》』である。

矢部家定《やべいえさだ》の使いで小笠原貞慶《おがさわらさだよし》が来た、盆山と鉢木を「右府」が御所望なので持って来いという、すぐに盆山を一つ、松の鉢木を二本届けると、矢部がこれを披露に出した。私の他にもあちこちから持ち寄せられていたが、私のものが一番とされ、特別に褒美《ほうび》をいただいた。

矢部善七郎以小笠原民部少輔申来云、有当所盆山幷鉢木、右府御所望也、可持参之旨申来、畏之由答、盆山一、松二本鉢木、即刻持参、善七披露也、此間自方〻令持参、予持参之無比類、別而御礼也

（『史料纂集　兼見卿記』）

この記述の日付は天正六年（一五七八）の五月五日。吉田神社を訪れた貞慶の小笠原家は、かつて信濃国《しなののくに》（長野県）の守護大名であったが、甲斐国《かいのくに》（山梨県）の武田信玄《たけだしんげん》に領地を追われ、貞慶は信長の家臣となっていた。この日の用向きは、吉田神社にある「盆山」と「鉢木」を右府（右大臣）、すなわち信長が所望しているというのである。そこで兼見は「盆山」と「鉢木」をす

ぐに届けた。当時の信長の本拠地は近江国《おうみのくに》(滋賀県)の安土城《あづち》だが、記録によればこの日の信長は京都に滞在中である、届け先は京都における宿所の二条屋敷だろう。この指図を出したのは信長の側近である矢部家定で、他の寺社からも同様に集めてきたらしい。方々より集められた盆山と鉢木が、信長の前にならべられ、特に吉田神社のものが気に入られた。兼見は帷子《かたびら》など、特別な褒美をもらったということである。

信長は名物の茶道具を召し取っていたというが、同じように「盆山」「鉢木」も集めたというのである。これからその歴史を見ていくが、「盆山」「鉢木」は禅僧や足利将軍家からも愛好されており、室町時代には教養人のたしなみの一つであった。おそらく京都に入って天下の覇権を握った信長も、庭にこうした盆山を飾る必要があったのだろう。

さらにこの記録から、二つの重要な事実が確認できる。一つは「盆山」と「鉢木」が、似た物でありながら、区別されていたという点。そしてもう一つは、鉢木は「二本」と数えられていたのに対し、盆山にはこの単位が用いられていない点である。

ここで「鉢木」と「盆山」が、どのように区別されるのかが問題となる。幸いなことに、この時代の辞典が残っている、イエズス会の宣教師が作った『日葡辞書《にっぽじしょ》』である。この『日葡辞書』は、安土桃山時代の日本語についてポルトガル語で説明した辞典であり、当時の言葉遣いや日本文化について知ることができる重要資料だ。では「鉢木」と「盆山」の項目をひいてみよう。

・Fachino qi（鉢木）「ある容器に植えた小さな木で、冬季には枯れないように家の中に入れて置くもの」

・Bonsan（盆山）「日本人が、緑色の苔《こけ》をつけたり、何か小さな木を植えつけたりして、水面に浮かぶ小さな岩の格好につくる、ある種の石や自然木の材」

（『邦訳　日葡辞書』土井忠生ほか編訳）

このように、明確に項目が分かれているのである。その記述をくらべてみると、鉢に草木を植える「鉢木」に対し、「盆山」とは石を用いたものであったようだ。ここから信長の時代からさかのぼって、よりくわしい記録を追っていこう。

❖――吉田兼好と「鉢木」

「鉢木」とは文字通り、鉢に植えた木のことである。『続日本後記《しょくにほんこうき》』には、承和《じょうわ》六年（八三九）、河内国《かわちのくに》（大阪府）志紀郡の農民が、タチバナ（橘）の木を「土器」に植えて、仁明天皇《にんみょうてんのう》に献上したという記述がある。平安時代の初期には、すでに植物を鉢植えにすることは知られていたことになる。

この後は、古代の鉢植えに関する記録は、なかなか見つからない。武士が活躍する鎌倉時代に入り、やっと鉢植えの発展を確認できるようになる。くしくも、先に登場した吉田兼見と同族である吉田兼好《よしだけんこう》が著した随筆『徒然草《つれづれぐさ》』に、日野資朝《ひのすけとも》が好んだという「植木」のエピソードが現れる。

舞台は、鎌倉時代もまさに終わろうとしている時期の京都である。登場する日野資朝は、後醍醐天皇《ごだいごてんのう》の側近であり、鎌倉幕府討幕に参加しながらも、足利尊氏《あしかがたかうじ》、新田義貞《にったよしさだ》の決起の前に佐渡で処刑された人物だ。兼好はこの資朝が植木、それも「異様《ことよう》に曲折ある」ものを集めては楽しんでいたことを記している。しかしあることから興味がさめてしまい、まとめて捨ててしまったというのである。

ここで確認したいのは、資朝が一時期好んだ「植木」が、「異様に曲折ある」ものであったという点だ。この植木が、自然に曲がったものが集められていたのか、それともわざと曲げて作られたものなのかは、断言できない。しかし鎌倉時代に、すでに園芸の世界において、このような異様さを好む美意識が芽生えていたわけである。この曲がった様子を鑑賞する美意識は、次の章で紹介する、江戸時代の「蛸作り《たこづくり》」へとつながっていくものだろう。

鎌倉時代から室町時代にかけての鉢木が、実際にどのような姿をしていたのか、これを確認することはむずかしい。しかし、当時の絵巻物の中に、かろうじてその姿を見ることができる。西

14世紀なかばの鉢木（「慕帰絵詞」　西本願寺）

本願寺の所蔵する「慕帰絵詞《ぼきえことば》」は、本願寺の三世・覚如《かくにょ》の生涯を描いた絵巻物であり、この中にまさに鉢木が描かれている。庭先に台を立ててその上に飾っているので、縁側から眺められる高さにしているということだろう。鉢は「瓦器《がき》」とよばれる、素焼きのものと見られる。植えられているのは、曲がった幹の松や、双幹の梅であり、また土の表面に白い玉砂が敷かれている様子も確認できる。この絵巻物が制作されたのが十四世紀なかば、室町時代のはじめなので、『徒然草』とほぼ同時期だ。

また「鉢木」と言えば、能曲を思い出される方も多いだろう。室町時代に入り、足利将軍家の庇護の下で能楽（猿楽能）が確立する。その能楽の始祖・世阿弥《ぜあみ》が作ったと伝えられる曲が、「鉢木」である。

こちらの舞台は上野国《こうずけのくに》（群馬県）の佐野、よく勘違いされるが、栃木県の佐野市ではなく、群馬県高崎市の地名である。主人公の佐野常世《さのつねよ》は、貧しい武士。ある雪の日、旅の僧侶が泊めてほしいとたずねてきた。しかしこの日の常世の家には、暖をとるための薪が足りなかった。そこでやむを得ず、大切にしていたウメとサクラとマツの鉢木を切って薪とし、これを火にくべてもてなした。こうしてその日の常世は、僧侶を相手に、窮乏している身だが、鎌倉の幕府からの招集があれば、武士として馳せ参じる心を失っていないと語るのである。さて、僧侶を送り出してからしばらくし、鎌倉の幕府からついに招集がかかった。常世が勇んでかけつけると、そこにいたのは例の旅の僧侶である。この僧侶が、じつは鎌倉幕府の最高権力者、執権の北条時頼《ほうじようときより》だったのである。時頼は一夜の宿の御礼にと、常世にウメ・サクラ・マツにちなんだ名前の所領を与えて、酬《むく》いたのである。

この物語は室町時代に創作されたフィクションであり、主題は武士の心構えを説くものである。しかし同時に、中世の関東において、鉢木が貧乏な武士でも楽しめる趣味として普及していた様子を伝えている。そしてそれ以上に、「愛情をこめて育てた木は、持ち主にとってはかけがえのない宝物である」という認識、それが室町時代には受け入れられていた事実を物語っている。

❖——正倉院の「仮山」

さて「鉢木」はわかりやすいが、「盆山」とは果たしてどのようなものだろうか。実は「盆山」

正倉院に残る仮山（宮内庁正倉院事務所）

の記述は時代や人によってさまざまであり、定義することがかなり難しい。後で述べる「盆石」を、「盆山」と呼んでいるケースもある。

文字から考えれば、盆の上に載せた、山に似た何かである。中国唐時代の章懐太子墓《しょうかいたいしぼ》には、まさにこれを描いた壁画がある。官人が、盆の上に山型のものを乗せているのである。これに赤色・黄色の筆も入っているので、花か何かを植え付けた石ではないかと考えられている。

日本では、奈良の正倉院に、「仮山《かりやま》」という宝物が伝わっている。木製の台の上に、木片を組んで、山の姿を作ったものである。また樹木をかたどった銀製の針金がとび出ており、かつてはその枝先に絹織物を付けて花としていたらしい。正倉院の宝物といえば、聖武天皇の遺愛品である。聖武天皇が在世した奈良時代は、中国の唐文化の影響を強く受けているので、これこそ章懐太子墓に描かれていたものと同種のものかもしれない。ただしこの仮山の台は「洲浜《すはま》」、つまり曲線を描いて出入りしている浜辺の形をしているのが特徴だ。この洲浜の形を好むのは日本人独特の美意識なので、この仮山は中国ではなく、日本で作られたものなのだろう。

平安時代になると、この洲浜に足を付けた「洲浜台《すはまだい》」が登場してくる。台の上には、仙人が住むとされる蓬萊山《ほうらいさん》をイメージし、草花、鳥をまねた置物などを飾ったらしい。平安時代中期の物語『落窪《おちくぼ》物語』には、おもしろい洲浜台が登場している。

箱をあけると、その中には金色の洲浜があります。沈香《じんこう》でできた舟が浮かび、島にはいくつもの木が植えられ、実におもむき深いものです。何か書いてあると思って見ると、とても小さな白い色紙に書いて、舟の浮かんでいる所に貼ってあります。

黄金の洲浜、中にあり。沈の舟ども浮けて、島に木ども多く植ゑて、洲崎いとをかし。物や書きたると見れば、白き色紙にいと小さくて、舟の漕ぎたる所におしつけたり。

（巻之四『新編日本古典文学全集17』）

金色というのは、木で作った台の上に金箔を貼っていたということだろう。和歌を書いた色紙も貼りつけてあったというので、それなりに大きなものだったようだ。ただ、台の上に木が植えられていたというのだが、色紙が貼ってあったことを考えると、本物の木ではなく、作り物ではないかと思う。こうした平安貴族の飾りものとしての「洲浜台」は、後には「島台《しまだい》」と呼ばれるようになる。江戸時代には、蓬萊山を模して美しく飾りつけ、食べ物を乗せて結婚式などに飾られていた。

そもそも「仮山」というのは中国の言葉で、本来は庭に作る小山を指しており、時として鉢などに植えた木を指す場合もあった。中国の文献では、「木仮山記《もくかざんき》」がある。筆者は蘇洵《そじゅん》（蘇老泉）、北宋時代の詩人・文人として有名な蘇軾《そしょく》（蘇東坡《とうば》）の父親である。蘇洵は木の一生について、小さくして枯れる木もあれば、人きくなって木材にするために伐られてしまう木もあると、その良し悪しを品評する。その中で最も幸福だとするのが、次のような木である。

最も幸せな木とは、水際に生え、水の中に漂ったり沈んだりしながら、数百年程もの長い時間をかけて激しい流れにさらされ、山の形のような姿になったものだ。好事家はこれを持ち帰り、形をととのえて山そのものの姿に変える。そうして始めて泥や水流、そして斧の恐怖からも遠ざかることができるのである。

其最幸者、漂沈汩没於湍沙之間。不知其幾百年、而其激射齧食之餘、或髣髴於山者。則為好事者取去、強之以為山、然後可以脱泥沙而遠斧斤。

（『新釈漢文大系73』）

長い年月を川辺で流れにさらされ、浸食されて山のような姿となった木、それを山から取ってきて鉢に植えたものが、蘇洵の言う「木仮山」である。現在の盆栽でいえば、「山採《やまど》り」の盆栽に分類されるものだ。当時の中国で、実際にこのようなものが愛好されていたのかは今ひとつはっきりしない。文章の本来の趣旨は、出世を目指さないで、穏やかに生きるのがよいという人生訓ととらえるべきだろう。

この「木仮山記」を引用して、盆山を説明している日本の文献もある。臨済宗の禅僧・惟高《いこう》妙安《みょうあん》によって十六世紀中ごろに書かれた『玉塵』だ。

仮ノ山ト云ハ盆山ノ事ソ、本ノ山テハナイソ、ニセモノナリ、仮ハカリノ心ソ、盆ヤ、ハチニ土ヲオイテ、木ヲウエテ、木を山ノヤウニツクリナイタソ。

（『新抄物資料集成2』）

「仮の山」というのは、「盆山」の事である、本当の山ではなく、偽物なのである。「仮」とは「かり」の意味で、盆や鉢に土を敷き、木を植えて山のように作ったものである。

ここで妙安は、蘇洵のいう「木仮山」は、日本でいうところの「盆山」のことだとまとめている。禅僧の詩文などに「盆仮山」という言葉も登場しているので、当初は「盆の上の仮山（小庭）」というような意味だったのだろう。「盆山」は、その省略形だと考えられる。
正倉院の「仮山」や平安時代の「洲浜」は、小さな山を作って楽しむという美意識が、古代から日本人にはあったことを物語っている。こうした小さな庭は、「木仮山」や「盆仮山」「盆山」などさまざまな呼ばれ方をしており、その概念も固定的ではなかったようだ。

❖——足利義政と「盆山」

こうした中、鎌倉時代から室町時代にかけて発達したのが、自然の石に木を根付かせる「盆山」であった。この「盆山」の愛好家として登場してくるのが、室町幕府の八代将軍・足利義政《あしかがよしまさ》である。義政には、季瓊真蘂《きけいしんずい》という側近がいた。足利家所縁《ゆかり》の相国寺《しょうこくじ》「蔭涼軒《いんりょうけん》」に住んでいた臨済僧であり、日記『蔭涼軒日録』に、さかんに盆山のことを書きとめている。この『蔭涼軒日録』をたよりに、盆山について追ってみよう。まず、寛正四年（一四六三）五月二十五日の記述である。

叢林《そうりん》にある盆石、育てられている諸草、ことごとくを集めて、将軍の御覧にいれた。それでも出ししぶる者には、寺奉行に尋問させ、もし隠し持っていた場合には罪を課せという命令がでた、これが千秋《せんしゅう》刑部《ぎょうぶ》少輔《しょうゆう》から聞いた話である。重ねて寺社に命ぜられたことから、厳命をもって、寺院より盆山と石菖・諸草を献上させたのである。

> 叢林中小石諸草、着之養之。悉被召寄。被御覧。尚難渋而不被出之方。以某寺奉行被尋究。若有之則可有御罪科之由。被仰出之由。千秋刑部少輔語予。仍重命于寺家。而請證状也。以厳命自諸寺院被献諸盆山幷石菖諸草也。
>
> （『増補続史料大成 21』返り点は省略）

最初にでてくる「叢林」とは禅宗の寺院、特に「五山十刹《ござんじっさつ》」と呼ばれる、室町幕府と結び付いていた寺院のことだ。こうした禅宗寺院では、禅僧が盆山を趣味にしていたらしい。この五山の盆山を、将軍の命令でことごとく集めたのである。しかも渋るところには奉行が押し入り、もし隠していた場合は有罪にしたのだという。義政はよく優柔不断だったといわれているが、五山の僧侶には強気だったようだ。

五月十日には、当時の盆山がどのようなものであったかを知るための、より詳しい記述がある。

> 五山ならびに諸寺院より集めた盆山を、将軍の御目にかけた。午後になり、風雨がはげしくなり、雷も鳴り始めた。曹源院《そうげんいん》の盆山は、石は美濃石、樹は栢森《びゃくしん》を二株植えている。長福寺の盆山は二個あり、石は愛宕石、樹は一方は五葉松、もう一方は栢森である。南禅寺栖真院《せいしんいん》の盆山は、石は美濃石、樹は栢森と躑躅《つつじ》を植え込んでいる。この四個の盆山を、千秋刑部少輔から

預けられた。それぞれ、「船」はついていない。この他の盆山は、返されたそうだ。

自諸五山幷諸寺院。盆仮山奉懸于御目也。千秋刑部少輔披露之。午後風雨雷動也。曹源院盆山。石者美濃石。樹者柏森二株也。梅津長福寺盆山貳箇。石者愛宕石。樹者一箇者五葉。一箇者柏森也。南禅寺栖真院盆山。石者美濃石。樹者柏森一株。躑躅一株。此四盆山。以千秋刑部少輔。被預置于愚老也。各無其船也。盆山被召。其餘者被返下也。

この日、足利義政が寺院から集めた盆山が、季瓊のところに持ち込まれた。「栢森」とは常緑樹のビャクシン、現在の盆栽界では「シンパク（真柏）」と呼ばれている木だ。ここで木だけではなく、石の種類が書かれているのは、石も重要な鑑賞対象であったために他ならない。またこれらの盆山には「船」、すなわち器がついていなかったとも明記されている。つまり鉢に植えられていないのであり、石に植物を根付かせた、現在の「石付き盆栽」の祖先である。

まさにこの「盆山」を描いた絵巻物がある。宮内庁に所蔵されている中世絵巻の傑作「春日権《かすがごん》現験記絵巻《げんげんきえまき》」だ。この絵巻物を見ると、やはり縁側から眺められる高さに棚を作り、かなり底の浅い、平らな木製の器を載せている。ここに白い砂利を敷き、その上に飾られているのが盆山だ。一つは石にマツを根付かせたもの、もう一つは花が付いており、サツキのように見える。一つの器に一つの盆山と、限られていたわけではないらしい。

船に飾られた盆山（「春日権現験記絵巻」模本　国立国会図書館蔵）

この木製の器であるが、「湯船」と同様、中に水を入れたことから「船」と呼ばれたのだろう。また図のように、四方に取っ手が付いたものは、特に「石台《せきだい》（花台）」とも呼ばれる。これもまた、石でできた盆山を飾ったことから付いた名前だろう。取っ手は本来、石を上に載せたまま持ち運ぶためのもので、現代でもこの取っ手を飾りとして残した植木鉢が作られている。

石付きの木を木製の石台に飾る、これが盆山の基本型のようだ。こうした盆山が、いつ頃から作られるようになったのかは、今ひとつはっきりしない。鎌倉時代の絵巻物である「西行物語絵巻」（文化庁蔵）にも描かれているため、おそらくは鎌倉時代には、こうした盆山が成立していたはずである。

❖——足利将軍家の盆山愛好

もう少し、『蔭涼軒日録』の記述を見てみたい。

鎌倉公方様《かまくらくぼう》より盆山が献上された。その山の上には、富士松が植えられており、その数は十一株もある。億阿弥《おくあみ》がお使いとなり、預け置かれていった。（中略）この山は石も珍しければ松も奇妙で、ひときわ優れている。実に世にも希なものだ。

自鎌倉主君被献盆山。其山上植富士松。其数十一株有之。以億阿弥為御使被預置。（中略）此山奇石奇松。其秀色可観。実世為所希也。

これは文正元年（一四六六）四月十七日のこと、鎌倉公方から義政へと、盆山が献上された記録である。鎌倉公方といえば足利一門から選ばれ、関東の武家を監督するという室町幕府のナンバー・ツーである。当時の鎌倉公方は、義政の異母兄である足利政知《あしかがまさとも》。ただし関東の混乱で鎌倉に入れず、伊豆の堀越に館をかまえたため、堀越公方《ほりこしくぼう》とよばれた人物である。この盆山は、十一株もの富士のマツを植えたものであり、石もマツもとても変わっていると、絶賛されている。翌日も、この盆山の記述がつづく。

この盆山を小庭の南、池の側に置き、朝夕眺めている。その松の色、山の勢いといい、その雄大さはかの中国の名山・廬山《ろざん》のようだ。また水の流れ、波の様子などは広大な山河を思わせる。戯れに詩を作って、老いた心を慰めている。

置于南栄所寓之小庭側畔而晨夕対之。其松色山勢。殆如有御廬面目。又小水小波渺而如有万里江山之心。吟玩以慰老懐乎。

朝夕眺めていたというので、よほどこの盆山が気に入ったのだろう。季瓊の住む相国寺は、義政の住む「花の御所」のすぐ隣である、こうした盆山の管理もかねて預かっていたようだ。同十九日には、この盆山のことを聞きつけた、義政お抱えの庭師・善阿弥《ぜんあみ》もやってきている。「美を歎じて刻《とき》を移す」とあるので、二人でかなり長い時間この盆山に見入っている。

政知は弟の盆山好きを知って、この贈り物をしたのだろう。ただ関東まで盆山を作れる庭師を連れて行ったのだとしたら、政知自身もなかなかの盆山好きだったのかもしれない。

政知が盆山を献上した翌年、義政の後継者争いが発端となり「応仁《おうにん》の乱」が発生、京都の大部分が焼け野原と化す。義政自身は京都を離れ、東山《ひがしやま》の山荘に隠居した、ここが現在の銀閣寺

（慈照寺）である。このため茶の湯や能楽、あるいは絵画など、義政の育てた文化は、「東山文化」と呼ばれている。

盆山について書きとめてくれていた季瓊は、応仁の乱の二年後に亡くなってしまう。幸いにも、この直後の時代に盆山に関わった人物がいた、大沢久守《おおさわひさもり》である。公家の山科家《やましなけ》につかえた人物で、その日記『山科家礼記《やましなけらいき》』には、盆山の記録が多数登場している。

延徳三年（一四九一）三月二十日の記述を見てみよう。

一、公方様から、去年に進上した盆山が今日返していただけた、忝《かたじけ》ない事だ。

一、公方様より去年進上盆山今日被返下候、忝事也、

（『史料纂集　山科家礼記』）

公方様というのは十代将軍の足利義材《あしかがよしき》、義政の甥にあたる。この義材のところから、前年に久守が献上した盆山が戻ってきたというのだが、「忝ない」と言っているので、思いがけず、かつてお気に入りだった盆山が下賜され、久守はよほど嬉しかったようだ。義政ののち義材まで、足利将軍の盆山愛好が続いていたのである。

どうも久守は、盆山を仕立てるのが得意だったらしい。伏見宮家から盆山を預かっては返しているので、これは枝ぶりなどを直していたものと見てよいだろう。この他、義材の側近である権

大納言・葉室光忠《はむろみつただ》からも、盆山についての相談で呼び出されている。また、しばしば山に登っては、盆山用の石を探しているほか、知り合いから石を貰ったという記述もある。これは久守が、つねに盆山用の石を探していると知られていたからに違いない。

ただし久守は、何よりも生け花（当時は「立花《たてはな》」と呼ばれた）の名人として知られた人物である。どうやらこの頃の盆山は、生け花とも密接な関係にあったらしい。池坊《いけのぼう》流の伝書『定式巻《じょうしきのまき》』にも、次のような盆山の作り方についての記述がある。

盆山の事
・主石　春青　夏黒　秋赤　冬白
右は似たもので代用してよいです。盆山を作ることは、「建《たて》る」と言います。

盆山の事
・主石　春青　夏黒　秋赤　冬白　右似寄の品にてよし。盆山ハ建るというへし。

この記述は、庭師だけではなく、立花師が余技として盆山をつくっていたなごりと考えられる。「春青」「夏黒」とあるのは、中心となる石を選ぶ際、イメージした季節に合わせて石の色を決めていたということだろう。また盆山を作ることを「建る（立てる）」と言っているが、これは作庭の用語なので、盆山の起源が作庭にあることを示唆している。

さて、義材が久守に盆山を返した年の二年後の明応二年（一四九三）に、管領《かんれい》の細川政元《ほそかわまさもと》らによるクーデターが勃発する。義材は龍安寺《りようあんじ》に幽閉され、葉室光忠は処刑された、これが「明応の政変」である。代わりの将軍として擁立されたのが足利義澄《あしかがよしずみ》、先に登場した堀越公方・政知の息子であった。しかし度重なった内紛により室町将軍家の権威は失墜してしまい、これより戦国時代へと突入していく。

❖——出光美術館の「盆栽図屛風」

戦乱の時代はつづき、織田信長の登場となる。尾張国《おわりのくに》（愛知県）を統一した信長は、永禄十一年（一五六八）には上洛を果たし、京都と公家衆を掌握した。足利将軍家の盆山愛好は、本章の最初で見たように、信長へと受け継がれたようだ。おそらく義政から信長の時代にかけてが、盆山の最盛期だったのではないかと思う。この最盛期の様子を思わせる、豪勢な「盆山」の姿を伝えている絵画がある、出光美術館の所蔵する「盆栽図屛風」だ。作者は不明だが、江戸時代初期の作品と見られているもので、六曲一双の屛風の画面全体に、二十三個の盆山を散らして描いている。

これらは一個を除き、すべて石に植え付けられており、まさに先に見た盆山である。樹木の種

盆栽図屏風（右隻　出光美術館）

類はマツが多いが、ほかにもスギやツバキ、ウメ、モミジなどの姿が見える。変わったところではソテツがあり、またアヤメのような多年草を植え付けているものもある。そのほとんどが寄せ植えにされており、本章の最初で見た『日葡辞書』の記述のとおり、水面に浮かぶ島のような姿につくられている。一本の木そのものの姿を見る「鉢木」とは違い、「盆山」は石をふくめた全体の姿が重要だったのだ。『兼見卿記』で、鉢木が二本と数えられていたのに対し、盆山は「本」と数えられていなかったのは、これが理由だろう。

また、盆山を飾る「船」も豪華である。中国から輸入された青磁や染付のほかに、金属製の七宝の水盤もある。また蒔絵の施された漆の器も見られるが、蒔絵は日本独自の技法なので、こちらは日本製だ。また「船」の中は、白い砂を敷いているものの他に、実際に水をはっているものもある。

さまざまな姿に作られた盆山は、「春日権現験記絵巻」に描かれた盆山に比べ、植え付けの手法においても、器の豪華さにおいても、数段進んでいるように見える。この屛風の細かな描写を見ると、想像で描いたものとは思われない。これらの盆山は、実際にどこかの邸宅に並んでいたものであり、それを描き写して屛風にしたものなのだろう。特に「船」が豪華なのを見ると、よほど裕福な人物の持ち物だったようだ。

また先に能曲の「鉢木」を見たが、狂言には「盆山」という演目がある。これは盆山を盗みにきた盗人が主人に見つかりそうになり、盆山の蔭に隠れるという内容だ。実際には隠れきれずに、見つかってしまうのだが、盆山がある程度大きくなければ成立しない話である。島の形に作るうちに、盆山は大型化していったのだろう。またこうした盆山が、時には盗難の対象になるほどの、財産的な価値を認められていた事実を確認できる。

青磁の「船」（「盆栽図屛風」部分）

❖――石菖鉢と盆石

こうした盆山についてよくわからないのが、室内に飾られたかどうかである。室町時代になると、それまで板の間であった日本家屋に、畳を敷き詰めた「座敷」が登場してくる。この座敷には床の間や棚が作られ、様々な調度品が飾られた。しかし義政の「同朋衆《どうぼうしゅう》」のうち、美術品を管理した者たちのまとめた座敷飾りの技法書、『君台観《くんだいかん》左右《そう》帳記《ちょうき》』などを見ても、「盆山」は登場しない。将軍である義政が、あれほど愛好していたにもかかわらずである。おそらく室内には、盆山のような土のついたものを飾ることは、嫌われる傾向にあったのだろう。しかし盆山の仲間で、例外的に飾られたものがあった、「石菖鉢《せきしょうはち》」と「盆石」である。

「石菖鉢」については、歌人として名高い公家の三条西実隆《さんじょうにしさねたか》が、日記『実隆公記』にこんな話をのせている。延徳二年（一四九〇）八月十五日、内裏で小さな観音像が鑑賞された。その観音像には、こんないわれがあったという。近江国《おうみのくに》（滋賀県）の石山の武士が、拾った小石にセキショウ（石菖）を付けようとしていたところ、夢に女人があらわれ、こう告げた。

この石を盆山にしてはいけません、観音像にして内裏の乳母に進上しなさい。

此石不可為盆山、造観音像　則可進内裏御乳母人

こうして武士は、この石で如意輪観音像を作り、内裏に献上したのである。この観音像を見た実隆は、「石の形姿、誠に凡俗にあらず、信ずべし信ずべし」と感心している。石の姿かたちが実

に非凡だというので、観音像を作ったといっても、彫刻をしたのではなく、台か厨子《ずし》を作っただけかもしれない。このように、自然の石を観音像に見立てたというのであれば、現在の盆栽界で「観音石」と呼んでいるものの先例ということになる。

さて、この武士が作ろうとしたという、セキショウを植え付けた小さな盆山が「石菖鉢」である。セキショウそのものが小さく、また土を使わないで植え付けることができたためか、座敷にも飾られるようになる。茶の湯でも、冬の夜に行う「夜咄《よばなし》の茶事」では、石菖鉢を座敷の棚に飾る。これは石菖に、灯明の油煙を吸い取る効果があるからだという。

また「盆山」と混同されているのが、「盆石」である。これは草木を植えない石を、そのまま盆の上に飾ったものである。小さな石に大きな山岳の姿を見出すというものなので、盆山から枝分かれしたものだろう。室町初期に漢詩の名手として名高かった臨済僧・虎関師錬《こかんしれん》が「盆石譜《ぼんせきふ》」という漢詩を残しているので、その頃には普及している。先にあげた『君台観左右帳記』にも盆石は掲載されているため、古くから座敷飾りに用いられていたことも確かである。

この盆石には、「名物」がある。「名物」というのは、文字通り名前をつけて、大切に扱われてきた品物のことである。平安時代には、貴族は笛などの楽器、武士は刀や鎧に名前を付け、家宝として伝えていた。こうした品物の内で特に謂《い》われのあるものが、「名物」として尊ばれたのである。室町時代になると、この名物に茶道具や盆石が加わった。名物の盆石の中でも、とりわけ

桂盆に飾られた「重山」(永青文庫)

有名なのが、西本願寺の「末《すえ》の松山《まつやま》」である。本願寺は織田信長と和睦《わぼく》する際、本拠地であった石山本願寺、すなわち後の大坂城を、この石（それと「一文字呉器茶碗《いちもんじごきちゃわん》」）と交換したとも伝えられている。事実とすれば、まさに石一つが城一つと同じ価値とされたのである。この石には、砂《さ》張《はり》という金属製の盆が添えられている、この盆に白砂を敷いて石を据え、座敷に飾ったのである。

他にも重要な石はいくつかあるが、熊本藩の細川家に伝わった「重山《かさねやま》」という石を見てみたい。丸味をおびた山が二つ重なり、穏やかな姿をした石だ。この石には、小堀《こぼり》遠州《えんしゅう》が名前をつけ、細川忠興《ほそかわただおき》（三斎）に送ったという手紙が添えられている。飾る場合は、写真のように黒い漆塗の盆（桂盆）を用い、白い石と砂を用いて浜辺の景色を作って据える。この漆の盆を使う形式は古いもので、足利義政の頃にはじまったとも伝えられている。この形式を発展させ、石を置かずに白砂のみをつかって風景を描くものも登場する。こちらは江戸時代には女性の趣味として広まり、「盆景」「盆画」などとも呼ばれていた。

さて、「鉢木」「仮山」「盆仮山」「盆山」「盆石」「盆景」「盆画」と、同じような言葉がたくさん出てきた。どうも厳密な定義はなかったらしく、特に「盆山」は曖昧である。しかし室町時代に流行していたのは、石に草木を植え付ける「盆山」だったようだ。鎌倉時代から室町時代にかけて、独自の発達を遂げて、足利義政や織田信長のような権力者のたしなむ趣味の一つであったらしい。しかしこの「盆山」あるいは「鉢木」が、そのまま現在の「盆栽」となったわけではない。

松花堂昭乗と椿の石台

松《しょう》花《か》堂《どう》昭《しょう》乗《じょう》という人物をご存じだろうか。「松花堂弁当」に名前を残しているほかに、日本史の教科書では江戸初期の能書家「寛永三筆」の一人として登場しているかと思う。しかし書道に秀でていたのみならず、画家としても高い評価を得ていた人物である。この昭乗が描いた、鉢木の絵が伝わっている。素焼きと思われる鉢の中央に黒い石が立てられ、その脇に植えられたツバキが赤い花を咲かせた、瀟洒な絵である。益《ます》田《だ》孝《たかし》（鈍翁《どんおう》）と高《たか》橋義雄《はしよしお》（箒庵《そうあん》）が編纂した『遠州蔵帳図鑑』（昭和十三年）では、この作品こそ、小堀遠

松花堂松乗「石台之絵」（あいおいニッセイ同和損保株式会社）

州家の蔵帳にある「石台之絵」だとしている。とすれば、このような石を乗せた鉢木も、「石台」と呼ばれていたことになる。おそらく江戸時代になると、古い「石台」という言葉は、鉢木を含めた雅称として使われていたのだろう。

さて、この昭乗が住んでいたのが、京都府八幡市の石清水八幡宮《いわしみずはちまんぐう》、その境内にあった瀧《たき》本坊《もとぼう》である。坊そのものは明治初頭の廃仏毀釈《はいぶつきしゃく》で取り潰されてしまったが、その跡地が近年発掘され、植木鉢が出土した。この植木鉢なのだが、高取焼風の釉薬がかかっており、この時代の日本製の鉢としては特に立派なものとなる。昭乗は、高取焼を指導した小堀遠州と親しく、特別に注文して制作されたものかもしれない。こう見てくると、「石台之絵」も、当時の鉢木を描いた作品として信憑性がでてくる。

実際に昭乗や遠州が活躍していた頃、寛永期の京都では、ツバキが愛好されていた。昭乗の友人である安楽庵策伝《あんらくあんさくでん》は、寛永七年（一六三〇）に『百椿集《ひゃくちんしゅう》』を刊行している。この本は、策伝が育てていたツバキ、タイトルの通り百品種について記したものである。また東京青山の根津美術館には、「百椿図」が所蔵されている。こちらは二巻の巻物に、様々な趣向をこらして飾られたツバキを描くというものであり、徳川光圀《とくがわみつくに》や烏丸光廣《からすまみつひろ》をはじめとする、当時一流の文化人の賛が入れられている。これは、丹波国（兵庫県）の篠《ささ》山《やま》藩主であった松平忠国《まつだいらただくに》の注文で制作されたもので、やはり寛永期のツバキ愛好の世界を伝えるものだ。

もう少し古い例としては、大徳寺総見院《そうけんいん》のワビスケツバキがある。総見院は、秀吉が信長の菩提を弔うために建てたという塔頭《たっちゅう》で、このワビスケも秀吉遺愛と伝えられるものだ。茶席においても、秀吉の時代からツバキの使用頻度があがってくるので、ツバキの愛好は桃山時代の京都で高まったものだろう。そんな秀吉が暮らしたのが、京都の聚楽第《じゅらくだい》と京都郊外の伏見城である。その周囲には、秀吉に仕える武家の屋敷がならんでおり、最新式の「書院造《しょいんづくり》」の邸宅が作られるとともに、京都の庭師による庭園が作られていた。しかし慶長五年（一六〇〇）の関ヶ原の戦いに前後し、こうした武家屋敷の多くはたたまれ、新たに政治の中心となった江戸へと移っていくことになる。つまり京都の公家や僧侶の園芸趣味が、武家たちによって江戸に伝えられたのである。

第二章

徳川将軍の植木棚をさぐる

❖──江戸の園芸文化

江戸時代の園芸趣味というと、代表的なものがアサガオやキクとなる。これらの植物は、さかんに品種改良がおこなわれており、とくに突然変異による変種が好まれていた。こうした園芸品種は、投機的に高値で取引されるようになり、天保四年（一八三三）には、『金生樹譜《きんせいじゅふ》』という本まで登場した。「金の生《な》る樹」という意味である。十七世紀のオランダでも、チューリップの球根を投機の対象とした、「チューリップ・バブル」が起こっているが、日本でもこれと同じような、一大園芸ブームがあったわけである。

当初、こうした園芸趣味の主な担い手は、武家であった。京都・大坂で発達した園芸の影響が、武家の移住とともに江戸にもたらされたのである。園芸にとりくむ大名家も多く、大名屋敷を描いた絵図を見ると、庭園に大きな棚が作られ、多くの鉢植えが並んでいる様子も描かれている。

そして園芸趣味は、しだいに町人や商人たちなど「庶民層」へと伝わっていった。鉢と苗さえあれば、誰でもはじめられる手軽な趣味であったからだろう。江戸時代は階級社会であり、武家とそれ以外との間には、文化の断絶があったと説明される。たとえば美術では、武家が愛好した狩野派の絵画に対し、庶民は浮世絵を楽しんでいた。また芸能でも、武家文化の能楽・狂言に、町人や商人らの文化の歌舞伎・人形浄瑠璃が対応している。しかし園芸は、この階級の垣根をこえる趣味となったのである。この園芸趣味のなかでも、年数をかさねる樹木の種類、たとえばマツヤウメなどの愛好が、明治維新以降の「盆栽」へとつながっていくことになる。本章では、江戸の中心である江戸城において、一体どんな園芸が行われていたのかを中心に見ていきたい。

二代将軍徳川秀忠《ひでただ》は、江戸城の吹上《ふきあげ》に花壇を作り、諸国から献上された草花を栽培していた。特に秀忠が好んだのが、京都・大坂でも愛好されていたツバキである。元和二年（一六一六）に家康が亡くなった時には、楽しみにしていたツバキの品種「広島しぼり」の開花を見なかったことが、わざわざ記録に残されたほどである。こうした草花は、献上される際には植木鉢に植えられていたはずであり、また中には盆山もあっただろう。

続く三代将軍の徳川家光は、盆栽を愛好したといわれてきた。現在でも皇居には、家光遺愛と伝えられるゴヨウマツの「三代将軍」が伝わっている（口絵1参照）。しかしこの木は、江戸時代にすでに民間に下賜されており、それ以前の来歴もそのまま信用するわけにはいかない。これが茶道具であれば、名物記というものがあり、どの大名家にどの茶道具があるのかが、時には図入りで記録されている。このため、有名な道具であれば、その来歴を追いかけることは、比較的簡単である。しかし残念ながら、盆栽についての名物記のような記録は確認されていないため、なかなか確かなことがいえない。

有名なのは、大久保彦左衛門忠教《おおくぼひこざえもんただたか》が、家光をいさめるために、盆栽を壊したという逸話である。

忠教は家康から三代にわたって徳川家に仕え、将軍さえも叱責することが出来た「天下の御意見番」と呼ばれている。しかしこれは、あくまでも講談の話であって、確実な典拠を持つものとはいえないのである。

❖——徳川家綱と盆山献上

そこで江戸幕府の正史編纂書である『徳川実紀《とくがわじっき》』を見てみよう。この『徳川実紀』を調べると、盆栽が献上されたという記録が多いのが、四代将軍家綱《いえつな》であった。家光の長男として生まれ、将軍となったのはわずか十一歳の時である。この家綱への盆栽の献上は、『徳川実紀』から次の四回が確認できる。

明暦二年（一六五六）　四月六日　島津光久《みつひさ》より「琉球《りゅうきゅう》の紅躑躅《べにつつじ》を盆栽して」献上
　　　　　　　　　　　五月二十六日　酒井忠勝《さかいただかつ》より「盆山松」を献上
寛文十一年（一六七一）　六月二十六日　本多康将《やすまさ》より「盆松」を献上
延宝八年（一六八〇）　四月二十七日　大久保忠朝《ただとも》より「盆栽松幷《ならび》に躑躅」を献上

まず、明暦二年（一六五六）五月二十六日の記録を見てみたい。家綱にとっては将軍就任から五年目、十六歳の時のことである。この日、家綱は牛込の小浜藩《おばまはん》下屋敷に「御成《おなり》」した。この場合の御成というのは、身分の高い人物が、家臣の邸宅を訪問する行事のことである。といっても簡単なものではなく、中心となるのは、盛大に飾り付けられた書院での刀の贈答である。主君と家臣が刀を交換しあうことで、忠誠を確認するわけである。この他に能楽があり、食事も最大で七つのお膳が出る、正式な「本膳料理《ほんぜんりようり》」が出される。さらに秀忠の頃から茶会も組みこまれ、各家は秘蔵する茶道具を用意して将軍を迎えていた。これが「数寄屋御成」と呼ばれるものだ。

さて、この時の小浜藩主は大老・酒井忠勝である。忠勝といえば家光が「我が右手」と呼んだ、側近中の側近である。家光の没後も引きつづき家綱に仕えており、この御成の時はすでに七十歳となっていた。かつての将軍の右腕も老齢となり、この時の御成こそ、隠居の許しをお願いするものであった。

『徳川実紀』によれば、この御成において、忠勝より家綱へ、源氏物語を描いた大屏風、歌仙の絵巻物、そして「盆山松」が献上されたという。御成における盆山の献上の記録として重要なのであるが、一つ問題としたいのが、この盆山が、座敷に持ち込まれたのかどうかである。『徳川実紀』では、献上されたのは能楽を上演した場所としか書かれていなかったのだが、もう一つ、酒井家の記録『家綱公御成万覚書《よろずおぼえがき》』が残されていた。これは非常に詳細な記録で、当日の膨大な座敷飾りを記録している。この中で、「大源氏御屏風」と「本歌仙巻物」が「御座間《ござのま》」で進上されたとだけ書かれている。つまり、なぜか肝心の盆山の記述がないのである。おそらくこの盆山が、座敷には飾り付けられていなかったためだろう。次に述べる大久保忠朝が献上した際にも、「盆栽松」は他の美術品と明確に区別されているのである。

酒井忠勝の盆山献上から二十四年後の延宝八年（一六八〇）四月、大老の酒井忠清《さかいただきよ》、老中の稲葉正則《いなばまさのり》、大久保忠朝と、三人の重臣が交代で家綱を迎える御成をした。四十歳となっていた家綱は病気がちであり、重臣たちは気晴らしをさせようとしたのである。会場となったのは、江戸城の二の丸の御殿である。江戸城には、将軍のための本丸御殿、世子《せいし》（次の将軍）の住む二の丸御殿、隠居した将軍の住む西の丸御殿があった。二の丸御殿はやや小規模であったが、能舞台や茶室もあり、世子が不在の際には、重臣が将軍を招く御成の会場としても用いられたのである。

この御成のために、三人の重臣たちは御殿を盛大に飾りつけた。本丸御殿よりは小規模とはいえ、二の丸御殿の主だった部屋だけでも御座所、御休息所、書院、奥間、園亭、茶室、新殿、紅葉の亭、泉殿などがある。これらの部屋に重臣たちが秘蔵する和漢の書画、掛け軸、巻物、文房具、茶道具など、それも奇品、名器ばかりを飾り、その様子は精緻を極めたと、『徳川実紀』は記している。酒井忠清にいたっては、徳川家康から酒井家に下賜された、正倉院伝来の名香「蘭奢待《らんじゃたい》」を焚いたという。

三回目となる御成を担当したのが、大久保忠朝である。この忠朝は大久保家の本家で、先にのべた大久保彦左衛門から見ると甥の孫にあたる。当時、老中として家綱に使えていた忠朝は、この三年前に大久保家ゆかりの相模国《さがみのくに》（神奈川県）小田原藩への転封を許されている。これには二代前の大久保《おおくぼ》忠隣《ただちか》が、本多正信《まさのぶ》・正純《まさずみ》親子との政争に敗れ、小田原藩から改易されていたという背景がある。小田原藩への復帰こそ同家の悲願であり、それを許された忠朝にとって、家綱は大恩ある主君であった。

四月二十七日、忠朝は二の丸御殿で家綱を迎え、作法に従って刀の贈答が行われたのち、書院で浄瑠璃と狂言が上演された。また釣り好きの家綱のために、二の丸の池に船を浮かべて釣りを楽しむという趣向が用意されていた。この日のために用意されたという、釣り船が立派だ。船首に龍の彫物をし、天幕は葵紋の羅紗、船内にはビロード張の布団と椅子と机、脇息《きょうそく》があったというから、その豪華さに驚かされる。現在、この二の丸の池の跡は、二の丸庭園として公開されている。池もやや縮小しているとはいえ、元の位置にあるので、興味のある方は、ぜひとも現地で当時の様子を想像してみていただきたい。

さて『徳川実紀』は、忠朝がこの席で、「盆栽松」と「躑躅《つつじ》」を献上したと述べている。これがどのように献上されたのかは記述されていなかったのだが、幸運なことに詳しい史料が見つかった。宝永四年（一七〇七）の奥書を持つ茶書『桜山一有筆記《さくらやまいちゆうひっき》』である。この『桜山一有筆記』は小堀遠州の門人・桜山一有が記したもので、江戸初期の茶の湯の重要史料の一つとなっている。

同書は三回にわたる家綱への御成（同書では「茶献上」と述べる）の詳細な記録を残しており、盆栽が飾られていたのは「御休息所」であると明記していた。御休息所というのは御殿の中奥にある、城主がくつろぐための、最もプライベートな空間である。この御休息所で、青鸞《せいらん》二羽と白鳥一羽の入った鳥籠、小犬六匹、そして「鉢の木　石台つゝし　五葉から松」が上覧されたのである（『徳川実紀』では「鶴十六双」が加わる）。

この記録から、どんなことが読み取れるだろうか。まず青鸞といえば、東南アジア産の鳥であり、おそらくはオランダ船を通じて輸入されたものだろう。現在では、ワシントン条約によって、その羽を輸入することもできないという珍鳥である。小犬というのは、当時好まれた狆《ちん》のような小型の愛玩犬だろう。この御休息所は、そうした珍種の鳥や犬を眺める趣向で装われていたことになる。そこにツツジとゴヨウマツが飾られたというから、江戸城でも「鉢の木」は、動物と近い扱いであった。しかし、室内犬の狆が座敷の上に放されていたとすると、開花期のツツジの花を散らされてはいけないので、鉢は屋外に出されていたのかもしれない。盆山・鉢木の献上は他にも記録があるが、献上品であっても座敷に上がることはなく、縁側で上覧された後に納めるという形式がとられたと推測される。

またゴヨウマツと共に、ツツジが挙げられているのがポイントである。秀忠が治めた元和期から家光の寛永期にはツバキの流行があったが、家綱が将軍となった明暦期から綱吉の元禄期にかけては、江戸でツツジが大流行したのである。先に掲げたように『徳川実紀』にも、明暦二年（一六五六）に薩摩藩の島津光久より、「琉球の紅躑躅を盆栽して」献上したという記録が見られる。なおこの島津家のツツジは、「知恵伊豆」の別名で知られる老中・松平信綱《のぶつな》が、「遠方のものを珍しがってはいけない」という理由で付き返している。

同年五月十八日には、家綱が京都の女院に「霧島の躑躅一盆」を献上したという記述がある。この時の女院といえば、後水尾《ごみずのお》天皇のお妃であった、東福門院《とうふくもんいん》和子のことである。秀忠の娘であるため、家綱にとっては叔母にあたる。東福門院は当時、京都の大宮御所に住んでおり、そこに「駅次《えきつぎ》」をさせたと書かれている。これはもうすぐ咲くだろうというツボミの状態のツツジを、人手を使って速達で届けさせたのである。この時期、キリシマツツジは鹿児島からもたらされたばかりの珍種である。いかに珍重されていたかがわかるだろう。

また江戸でツツジと言えば、伊藤伊兵衛《いとういへえ》の名前が挙がる。キリシマツツジをはじめ、朝鮮半島や東北地方からもツツジの珍種を集め、その栽培で名前の知られていた植木屋である。振袖火事とも呼ばれる明暦の大火（一六五七）後、江戸の復興と都市改造に合わせて事業を拡大し、幕末まで江戸一番の植木屋と呼ばれていた。その様子は、浮世絵師の近藤助五郎に描かせた「武江染《ぶこうそめ》井翻紅軒霧島之図《いほんこうけんきりしまのず》」（豊島区蔵）にも残されている。将軍家の御用もつとめており、先述した将軍家ゆかりのゴヨウマツ「三代将軍」は、この伊藤家に下賜されたものという。

❖——徳川家宣の植木鉢

さて、先述の大久保忠朝たちによる「御成」の直後、生来病弱であった将軍家綱は急病で倒れる、享年四十歳であった。五代将軍となったのが、家綱の弟の徳川綱吉である。生き物の殺生を戒める「生類憐《しょうるいあわれ》みの令」などが、度の過ぎた悪政へと暴走したことで、「犬公方《いぬくぼう》」と呼ばれた将軍だ。この時、同じく後継者候補に名前が挙がっていながら、将軍の座を逃した人物がいた。甲府藩主の徳川綱豊《とくがわつなとよ》、後の六代将軍家宣《いえのぶ》である。

ここで家宣を取り上げるのは、現在の佐賀県有田町の窯元である酒井田柿衛門《さかいだかきえもん》家の文書に、この家宣による植木鉢の注文の記録が残されているからである。その記録をみてみよう。

甲府様の御用蘭鉢　口の差し渡しは二尺余り。
一、青磁木瓜《もっこう》形　二つ　これは栴檀《せんだん》の模様を浮き彫り　口の差し渡しは右と同様。
一、青磁の瓜《うり》形　二つ　これは無地。

未三月
　甲府様御用蘭鉢　口差渡し弐尺余
一、青磁もつかうなり　弐ツ
　右は千丹置上ケ

口差渡し右同断
一、同瓜なり　弐ツ
右ハ無地。
未三月
（『有田町史　陶業編1』）

ここに「甲府様」と登場しているのが、綱豊（家宣）である。甲府藩はその名の通り、甲斐国《かいのくに》（山梨県）の甲府に置かれた藩であり、家光の三男であった徳川綱重《つなしげ》（家綱の弟）のために、二十五万石で創設された。綱豊はこの綱重の庶子であり、一度は家臣の新見家に養子に出されたという経歴を持つ。しかし綱重が男子にめぐまれなかったため、延宝六年（一六七八）に家督を継ぎ、甲府藩の藩主となったのである。「未」の年というのは、元禄四年（一六九一）と考えられており、家宣が三十歳の時のこととなる。

注文されたのは蘭鉢とあるが、口の差し渡しが二尺（約60㎝）以上というので、かなり大型のものである。この他に青磁で木瓜形のものを二つ、瓢《ひさご》形のものを二つ、計五点を注文している。

有田における磁器の生産は一六一〇年頃には始まっており、鍋島藩による奨励を受けて、急速にその生産規模を拡大させていた。初期の製品は皿を中心とする食器類や壺が中心であり、植木鉢が作られるようになるのは、これまで十八世紀からだと考えられてきた。これは江戸の遺跡の発掘状況からの推測であったが、十七世紀終わり頃には、すでに精巧な植木鉢も作られていたわけである。

宝永六年（一七〇九）に綱吉が死去すると、家宣が将軍に就任し、生類憐みの令を廃止するなど政治を刷新した。いわゆる「正徳《しょうとく》の治」のはじまりである。この三年後の正徳二年（一七一二）に、ふたたび酒井田家の文書に、家宣からの植木鉢の注文が登場する。

御公儀様の御用石台鉢

一、角白焼　一つ　四尺八分の正方形に作り、取っ手は二尺二寸四分　全体には亀甲模様の浮彫、正面と背面には油煙形《ゆえんがた》の窓を作り亀の浮彫、横の油煙形には岩に波の模様の浮彫

右はいずれも白磁で作ること。

一、青磁の瓜形　一つ　胴の周囲に菊唐草の浮彫、差し渡しは三尺二寸四分。

一、錦手の太鼓形　一つ　差し渡しは三尺三寸。

正徳二年　辰四月十一日、右の注文については北島十郎右衛門殿が御存知です。

御公儀様御用石台鉢

一、角白焼　壱ツ

平四尺八分、取手共ニ横弐尺弐寸四分。

惣廻りニきつこう、ほり上ゲ、
平ニ亀之ほり上ケ、尤、ゆえん形之内ニ
横ゆえん形之内ニ、岩ニ浪之ほり上ケ、
右何茂大白也。
一、青磁瓜成り　壱ツ
胴之廻り菊唐草之ほり上ケ、
指渡し三尺弐寸四分
一、丹しき手太鼓　壱ツ
指渡し三尺三寸
正徳弐年
辰四月十一日、右者北島十郎右衛門殿御存也。

ここに登場する「石台」は、前章でも述べた木製の箱とは違い、磁器製である。この頃の陶磁器生産地では、四方に取っ手のついた植木鉢を「石台」と呼ぶようになっていた。この家宣の石台は、幅が四尺八分（約120㎝）であり、これに二尺二寸四

磁器製の「石台」（明治時代　大宮盆栽美術館）

分（約67㎝）の取っ手が付くという。その胴をめぐるように、岩と波、それに亀の模様を、浮き彫りにして表すというものである。その大きさと、めでたい図柄を考えると、マツかウメか、それもかなり大きめの木を植える予定で注文したのだろう。この他に、瓜形の青磁の鉢と、太鼓形の錦手（色絵）の鉢を一鉢づつ、計三点の注文である。

しかし家宣は、この注文書の六ヶ月後の十月十四日に、五十一歳で死去してしまう。おそらく、完成した石台を見ることはなかっただろう。一時は家臣の家に預けられ、そこから大名を経て将軍になったという、実に数奇な生涯であった。

❖――徳川家斉と「下総作り」

十一代将軍の徳川家斉《とくがわいえなり》もまた、鉢木の愛好家であった。その愛好について絵図面付きで貴重な証言を残してくれているのが、『井関隆子日記《いぜきたかこにっき》』である。この日記を残した井関隆子は、九段坂下に屋敷を構えた、将軍家直属の家臣である旗本・井関家の夫人であった。隆子夫人は豊かな教養を備えた上に筆まめな性格であり、日々のことを詳しく書きとめている。また日記は天保十一年（一八四〇）から同十五年までつけられており、この時期、隆子夫人の息子である井関親経《ちかつね》が、「広敷用人《ひろしきようにん》」を務めていた。この役職は、大奥への取次をつとめており、それも家斉の正妻である広大院《こうだいいん》のお付きであったという。このため、隆子夫人のところには江戸城の内情が詳しく伝わっており、当時の幕府に関する重要な情報を含んでいる一級の史料である。
では、この日記の鉢木についての記述を見てみよう。日付は、天保十一年十月四日である。

最近、庭に棚を作って、大小さまざまな「作りたてたる松」を飾りました。（中略）木や草の作り方も、時代によって変わるものでしょうが、松の幹を「打ちたわめ」、枝を交互に伸ばすことは、昔も今も似たものでしょう。しかし最近、「下総作り《しもうさづく》り」といって、枝を見せずに、山の形のように仕立てたものが登場してきました。この「下総作り」を曲がった松の中に取り混ぜると、一風変わって見えました。「西の太政大臣の君」は、とくに植木が好きだと聞いています。この「下総作り」の松を御覧になられると、葉の繁った様子を気に入り、愛好するようになったそうです。それ以降、世間でもこの「下総作り」がもてはやされるようになったそうです。

此ごろ作りたてたる松ども棚をかまへ、大きなる小さき、さま〲とりするゑたる（中略）木艸のつくり様も時としてかはるべかめれど、松打たわめ、そむき〱の枝ぶりなどは、むかしも今も似ためるを、近き頃下総作りとて枝を見せず、山の形ちめきて結たてたるあり。打ゆがめ引たわめたる松どもの中にとりまぜたるは、様かはりて珍しき心地す。西の太政大臣の君、殊に植木を好ませ給ふとぞ。一とせ此松のつくり様を御覧ぜしに、葉の打繁りたるさま御心にかなひ、愛させ給へりしより、なべて世にももてはやしけるとなん。

（『井関隆子日記』深沢秋男校注）

ここで「作りたてたる松」と登場しているのが、後で述べる「蛸作り《たこづく》」である。江戸時代後期には、この曲がって作る鉢木のスタイルが完成し、江戸城でも飾られていたのである。井関家も庭に棚を作り、大小さまざまな松を並べていた。またここで隆子夫人は、最近「下総作り」という新しい作り方が登場してきたと述べている。そして「西の太政大臣の君」、すなわち隠居して西の丸御殿に移っていた徳川家斉が、この「下総作り」を好み、流行するようになったと証言している。この「下総作り」についても後で詳しく述べるが、天保年間の新動向であった。

さて、まだ鉢木の記述は続く。

木の種類もいろいろありますが、葉のとても小さいものを「根岸五葉」「会津五葉」などと呼んでいます。これらを植える陶器にも「今様《いまよう》」があるそうで、花鳥山水などを描いたものが、古風なのだそうです。最近のものは、濃い青色にし、模様だけを白く出したものが多いようです。以前に「上様」よりいただいたものは、とても大きな「唐物《からもの》」で、山水の絵が非常に美しく描かれています。「沢山ある鉢の中でも、こんな立派ものはないですよ」と、植木屋さんたちも誉めてくれました。このような植木も、歳月とともに変化してしまうと思い、その姿を描き残しておきます。

此木の種かずある中に、葉のいとさゝやかなるを、根岸五葉、会津五葉などいへり。是植る陶物ども、今様ありて、花鳥山水などのかた書たるは、ふるめかしとなめり、みな紺青色になし、いろ〳〵の形のみ白う出したるいと多かり。一日上より給りたるは、いと大きにて唐物なめり、画は山水のかたいとうるはし。あるが中に是なむ勝れたると木屋どもゝいへり。かゝる物も年月うつりなば変りぬめりとおもふに、いさゝか形をしるしつ。

この、鉢の記述が興味深い。「今様」というのは、当時の流行があったという意味である。つまり染付で花鳥山水を描いているのが古風な植木鉢、これに対して青い釉薬をかけて白く模様を浮き上がらせているのが当時の流行ということである。そうした中、井関家も「上様」、すなわち将軍家よりマツの鉢木を下賜された。そのマツを植えている鉢は「唐物」、すなわち中国からの輸入品と思われ、山水が非常に美しく描かれていたというのである。植木屋から、「こんな立派ものはないですよ」と誉められた隆子の記述もほこらし気である。

有難いことに、隆子夫人はこの松の姿を絵図で残してくれている（口絵2参照）。三点ある鉢の内、手前が「下総作り」のマツであり、右奥が「猿猴作《えんこうづく》り」のマツ、そして左奥に描かれているのが「拝領ノ鉢木」である。主幹の他に、左右に大きな枝を伸ばしており、それぞれを山形に仕立てている。その間からのぞく根元も、盛り上がって土をつかんでいる様子がわかる、精緻な筆である。

隆子夫人が最後に述べているように、樹木は年月によって形が変わってしまう。江戸城にあった鉢木の姿を調べようとしても、この『井関隆子日記』の他、確かな資料はほとんどないというのが実情である。そして問題はそれのみではなく、明治以降に新しい盆栽のスタイルが登場することで、江戸の鉢木もその流行に合わせて作りかえられてしまったのである。現在、徳川将軍家旧蔵という盆栽が幾つか伝わっているが、これらも当時の姿をとどめてはいない。

❖——江戸時代の鉢木

江戸時代の鉢木の作り方については、「蛸作り」が中心となる。次章で述べるが、明治期の盆栽は、この「蛸作り」からの脱却を大きな課題としていたのである。そして『井関隆子日記』によって、この他に「猿猴作り」「下総作り」などの作り方があったことがわかった。まずこれらの作り方について紹介したい。

・蛸作り（曲物作り）

江戸時代の鉢木を代表するのが「蛸作り」である。その名前の通り、くねった蛸の足のように幹を曲げて作るもので、「曲《まげ》物《もの》作《づく》り」や「作りの松」などとも呼ばれたようである。その姿をよく伝えているのが、文政十二年（一八二九）刊行の水野忠暁《ただとし》『草木錦葉《そうもくきんよう》集《しゅう》』である。そこに掲載された「古風作松之図」は、S字を描きながら屈曲する幹と小枝、その枝先に仕立てられた扇形の枝葉を特徴としている。いわば見どころはいかに幹と枝が曲がっているかであり、この幹を見せるために中心部は枝葉をすかし、葉は枝先にのみしげらせるように作っていたようである。

先にあげた『井関隆子日記』では、「松の幹を曲げ、枝を交互に伸ばすことは、昔も今も似たものでしょう」と述べていたが、これも「蛸作り」を指したものだ。幹や枝

古風作松之図（『草木錦葉集』 大宮盆栽美術館）

を曲げながら、枝も左右交互に配していくのが、今も昔も変わらない作り方だというから、お手本となる型が決まっていたということになる。

文化十五年（一八一八）刊行の、岩崎灌園《いわさきかんえん》『草木育草《そうもくそだてぐさ》』には、このようにマツを曲げて作る方法が記録されている。

「天目松《つくりのまつ》」の作り方は、とても難しいものです。基本的には、実生《みしょう》から二年目くらいの若木を使い、これを根元から竹へ巻付けて、蕨縄《わらびなわ》にてしっかりと固定し、竹を地面へ差し込み、松には肥料をそそげば、曲がったままで太くなり、古木のような姿となります。さらに枝にも竹を添え、または銅線などを添えて、蕨縄をほぐして枝に巻きつけ、ねじりながら曲げます。松にかぎったことではありませんが、すべて木を曲げるには、枝をねじる気持ちがなければ、折れてしまうものです。

天目松の仕かたは甚むづかしきものなり。大概は実生の二年めくらいなるを以て、根もとより竹へ巻付て、蕨縄にてしかと止置、竹を地へさし込て、松に肥を澆ば屈曲たるままにて太なり、古木の姿となる。扨又枝へ竹を添又は銅線などを添、蕨縄のほつしにて枝を巻、扭ながら曲るなり。松に限ず惣木を捻には、枝を扭る心持なければ折るものなり。

実生、つまり種から育てて二年目くらいの若木の時期から、幹を曲げ、肥料をやって、曲げたまま太くするというのである。「とても難しいものです」と明記されているように、手間と時間がかかり、なおかつ上手くいかない場合もあったのだろう。

ふたたび『草木錦葉集』にもどるが、こちらでは「蛸作り」の鑑賞について、「よい木」と「おもしろき木」を対比している。

木の幹と、根元と、左右の枝、これらの釣り合いがとれており、表と裏がなく、四方向より見て見苦しい枝がないものを、「能木（よい木）」と言います。片側のみに枝がある木や、大きな枝が鉢の下へさがるなど、変わった形をした個性の強い木、そして木の中心があるべき所にないものを、「おもしろき木」と言います。

木の身と根の本と左右の枝、釣合・表裏なく四方より見て去嫌ふ枝なきを能木といふ。片そげなる木、又ハ大枝鉢の下へさがり色々模様ありて拗強《すね》たる木抔、木のしんあるべき所にあらざるハおもしろき木なりと云。

四方向から見て、幹と根元、そして左右の枝のバランスが取れているのが「よい木」、つまりお手本どおりの「蛸作り」である。これに対して、一方に重心が片寄っていたり、下へ大きく伸びる枝があったりするバランスを崩したものは「おもしろき木」ということになる。「蛸作り」のお手本からはずれていても、どこかに見どころがあるものは、それなりに評価されていたのである。

ここまで様式化された「蛸作り」が、いつ頃に完成したのかはよくわからない。室町時代の五山僧が作っていたものとは違っていそうなので、江戸時代に発達したものだろう。このような蛇行する幹は、現在の盆栽で言えば「模様木《もようぎ》」に分類される。しかしその美意識は、自然の再現を目指す現代の「盆栽」とは大きく異なっている。枝を曲げる技巧そのものが鑑賞の主体となっており、その性格は、精緻な彫り物を見どころとする根付《ねつけ》のような、江戸の工芸品に近い。「作りの松」とも呼ばれたように、まさに人工的に作った造型だったのである。

・猿猴作り

この「蛸作り」の応用と思われるのが、「猿猴《えんこう》作り」である。先にも述べたが、『井関隆子日記』に絵図面で登場している。その様子を見ると、やはり蛇行しながら根元から伸びた幹が、途中で細い枝を下方へと伸ばしている。これは中国宋時代末期から元時代初めの画僧である牧谿《もっけい》が描いたような、手長猿の絵をイメージしたものだろう。『草木錦葉集』の「おもしろき木」とは、具体的にはこのようなものを指していたと思われる。

・下総作り

さて、「下総作《しもうさづく》り」である。『井関隆子日記』には、「最近、「下総作り」といって、枝を見せずに、山の形のように仕立てたもの」として登場する。「蛸作り」が、曲がった枝がよく見えるように中央の葉をすかしていたのに対し、こちらは枝が見えないように、葉を密集させる作り方である。その形も山の形のように、綺麗な三角形に仕立てたというので、『井関隆子日記』の絵図面の、手前に描かれている姿である。「蛸作り」が枝を見どころとする作りとすると、「下総作り」は葉を見どころとする作りであったといえるだろうか。とすれば、常緑樹のマツならではのスタイルである。

隆子夫人は、この「下総作り」のマツを、「蛸作り」に取り交ぜると、一風変わって珍しく感じたという。ある意味では、それまでの鉢木に新風を吹き込むものだったようである。

この「下総作り」を徳川家斉が好み、世間でもてはやしたというのだが、現在『井関隆子日記』の他に資料が見当たらない。残念ながら、なぜ「下総」と付いているのかも不明である。ただし明治三十五年（一九〇二）の中島信義『草木実験　盆栽仕立秘法』（博文館）によれば、天保年間から安政年間末頃（一八三九～五九）まで、ゴヨウマツで枝を曲げないものが流行っていたという。まさに『井関隆子日記』と同じ時代であり、これは「下総作り」の流行を指していると思われる。そしてゴヨウマツは一度すたれ、文久年間から慶応年間（一八六一～一八六八）にかけて、ふたたび「蛸作り」のゴヨウマツが流行ったという。これは明治維新の直前である。

・篠作り

この他に、「篠作り《しのづく》」という仕立て方があったようである。今井兼角『培養手引書』（一八九〇）に「篠（寄）作り」一名「箒作り」と見えている。「篠」とは群がり生えるタケササ類の通称であり、現在の盆栽で言うところの、「寄せ植え」を指すものと思われる。なお現在の盆栽で「箒作り《ほうきづく》」と言うと、箒を逆さにしたように、枝が放射状に広がるように仕立てたものを指しており、主にケヤキに対して使われる。

❖――鉢山水と占景盤

こうした鉢木の他に、現在で言う箱庭風のものがあった。

享保二十年（一七三五）に刊行された北村援琴《きたむらえんきん》『築山庭造伝《つきやまにわつくりでん》』は、庭の作り方や、京都の名庭を紹介する書籍である。このような本が版本として刊行されていたことは、江戸時代の造園熱をよく物語るが、ここに庭の一種として登場しているのが「鉢山水」である。

ここに図を出した「鉢山水」は、基本的にはその主人が望む景色を再現することを目的とします。これは鉢山に限らず、庭園においても同様です。また特に好みの名所がない時は、その家の職業などに縁のある、各地の名所を写すのが良いです。何国のどこの景色と考えをもたずに飾るのはよくないことです。また好きだからといって、絵でも知らないような景色は作ってはいけません。またあまりに凝りすぎて、子供の遊びのようにならないことが大切です。色彩画と水墨画、素人と通人とを考え、俗っぽいものにならないようにすること、この他には口伝や秘法というものを聞きません。

爰に図する鉢山水ハ、先多くハ其主人望むところの景色を遷《うつ》するを専らとするなり。況《いわん》や鉢山に限らず、庭相応においてをや。又差する好ミなき時は、その家の職により業に寄て、諸国の景地を写し得べし。只何国の何景といふ事なく錺置べからず。又好まれしとて、図も弁へなき景を造るべからず。餘り手ばを作なして、童蒙の戯にならざるこそ肝要なり。色彩の絵と又墨画と、素人と好人とを考へ、俗に陥らぬやう、外に口伝秘法を聞ず。

これによれば、鉢山水とは、諸国の名所を鉢の中に再現するものという。『築山庭造伝』にも、厳島神社を摸したという鉢山水の図があげられている。これは深めの鉢に水をはり、そこに石付き盆栽を立て、下に鳥居の置物を添えて厳島神社を表現しているのである。

また鉢山水に似たものとして、墨江《すみのえ》武禅《ぶぜん》の「占景盤《せんけいばん》」がある。武禅は大坂の南画家であり、絵を本業としながら、箱庭の制作も得意としていた。武禅の箱庭は、鉢などに石を立てて小さな草木・苔を植え、さらに建物や人物をかたどった楽焼の置物を添えるものだったという。特に武禅の箱庭は中国志向が強く、大きな石を鉢から盛り上がるように立て、南画の山水図のような景色を再現しようとしていた。このような中国趣味から、名称も独自に「占景盤」「縮景盤」と名付けたのである。武禅の死後、息子の墨江愛山《あいざん》が父の占景盤を絵に写し、文化五年（一八〇八）に図版集『占景盤』として出版している。

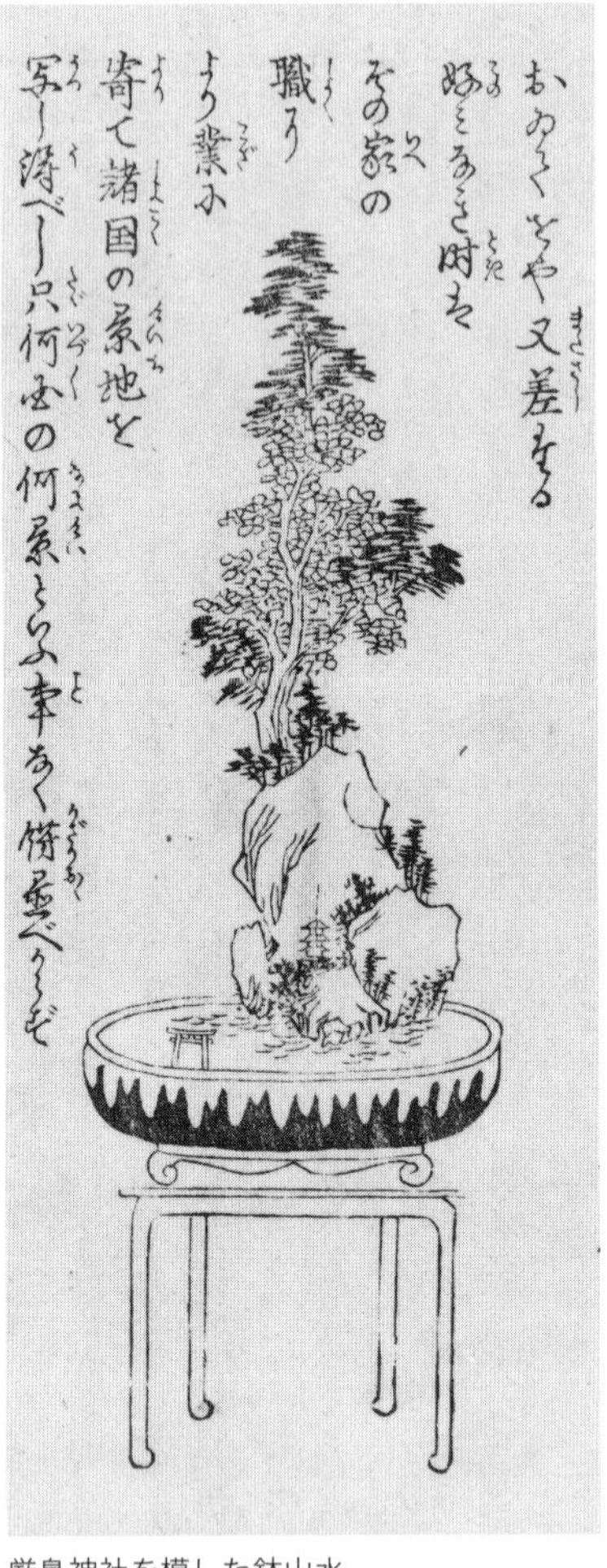

厳島神社を模した鉢山水
（『築山庭造伝』　大宮盆栽美術館）

こう見ると、鉢山水は日本の名所を写し取るもの、占景盤は中国の山水画を再現しようとするものであったといえるだろう。その本質は、小さな鉢の中に雄大な景観を縮めて写しとることであるが、樹木そのものが主役となっていない点に、後の「盆栽」との違いがあった。

❖――外国人の見た江戸の園芸

この他、江戸時代の鉢木の記録を残しているのが、外国人の日記類である。特に素直な驚きを表現しているのが、古代ギリシアのトロイアの遺跡を発見したことで知られるハインリッヒ・シュリーマン（一八二二～一八九〇）だ。プロイセン王国・現在のドイツ生まれの貿易商であったシュリーマンは、世界旅行の途中、攘夷運動の最中の慶応元年（一八六五）に日本を訪れた。

二時間半駆けたあと、団子坂《だんござか》に着いた。丘の中腹に、御影石の大石段とたくさんの庭石で知られる苗木園がある。

苗木園ではありとあらゆる盆栽が見られる。竹に結びつけてわざと小さくつくられた木々が、大きな植木鉢の中で巧みに育てられている。高さわずか一・五メートルの松もあって、水平に伸びた枝が直径六・五メートルの傘をつくっている。庭師の技術によって虎、らくだ、象など動物の形をした木もたくさんあった。私がもっとも驚嘆したのは、蛙の恰好をした松である。

地面から九〜十インチ〔二、三十センチ〕のところでたがいに組み合わされた十二本の小枝によってつくられ、しかもその小枝はただ一本の幹から出ているのだ。もう一つ、高さが六十センチしかないのに、始終枝を刈り込むことによって、幹の太さを五インチ〔十二・五センチ〕までにした蜜柑の木も驚異であった。

（『シュリーマン旅行記　清国・日本』石井和子訳）

ここでシュリーマンが驚嘆しているのは、ラクダや象、あるいは蛙の形に仕立てられた鉢木である。一本の幹から出た枝を自由自在に曲げ、生き物の形を作りだすことができたというのである。このような技巧主義は、例えば鍔《つば》などの刀の装飾、あるいは印籠《いんろう》をつるす根付けの彫物細工にも通じており、江戸文化の特徴となっている。なお、このような何かの形に仕立てたマツとしては、京都鹿苑寺（金閣寺）の船形のマツが有名であるが、これも元は足利義満遺愛の鉢木であったという伝承を持っている。

同じく、江戸の頃の鉢木を伝える記述を残してくれている外国人に、ロバート・フォーチュン（一八一二〜一八八〇）がいる。イギリスの植物学者であり、「プラントハンター」としてアジアを調査した人物である。特に有名なのは、中国で紅茶の生産工程を確認し、インドにおける茶栽培を可能にしたことである。これによりイギリスが中国から茶を輸入する必要がなくなったことは、清王朝崩壊の一因ともなった。

さて、フォーチュンが来日したのは万延元年（一八六〇）であった。滞在中、フォーチュンは植物研究者としての関心から、巣鴨、駒込の植木屋を訪問し、さまざまな記録をつけている。

ある園で、深緑色の葉をつけたカシのいろいろな種類を検分した。それらは美しい方形の磁器の鉢に植えられ、おのおのの鉢には、メノウや水晶の小片や、別の珍しい石を敷いたりして、多くは有名な富士山――日本の無比の山――をかたどっている。これらの小さな盆栽はすべて、その上に筵《むしろ》をひろげて強い光線をさえぎり、ひどい風から保護されていた。この庭ではカシについて述べたほかは何も見なかった。だが、このほかにも数百種類あるに違いない。美しい南京製の磁器の角鉢に、深緑色の鑑賞用の葉が重なり、奇妙な形をした色とりどりの小石などは、日頃見慣れないので斬新で、いちじるしく印象的であった。

日本でもシナのように、盆栽は非常に珍重され、盆栽づくりの技術は、円熟の高い境地に達している。一八二六年、メーラン商館長の記述によれば、彼は実際に、わずか一インチ角、高さ三インチの箱に、茂った竹やモミに、花盛りの梅の木を植えてあったのを見たといわれる。この携帯用の樹木の値段は、千二百ギルダーか、百ポンドあまりであった。

（『幕末日本探訪記』三宅馨訳　訳注省略）

フォーチュンの場合は、植木鉢や、土の表面を覆っている飾り砂に興味をむけている。またシュリーマンとおなじように、小さな状態で育成する技術にも注目しているが、世界中の園芸文化を見てまわっていたフォーチュンにとっても、江戸の園芸技法は驚嘆すべきものであったようである。

明治時代に入ってからの、「蛸作り」の記録もある。大森貝塚の発見者として、教科書にも載っているエドワルド・シルベスタ・モース（一八三八〜一九二五）の日記、『日本、その日その日』だ。

内には倭生《わいせい》の松、桜、梅、あらゆる花、それから日本の植木屋の面喰う程の「嬌態と魅惑」との、最も驚嘆すべき陳列があった。松の木は奇怪極る形につくられる。図はその一つを示している。枝は円盤に似た竹の枠にくくりつけられるのだが、どんな小枝でも、根気よく枠にくくりつける。

（『日本、その日その日』石川欣一訳）

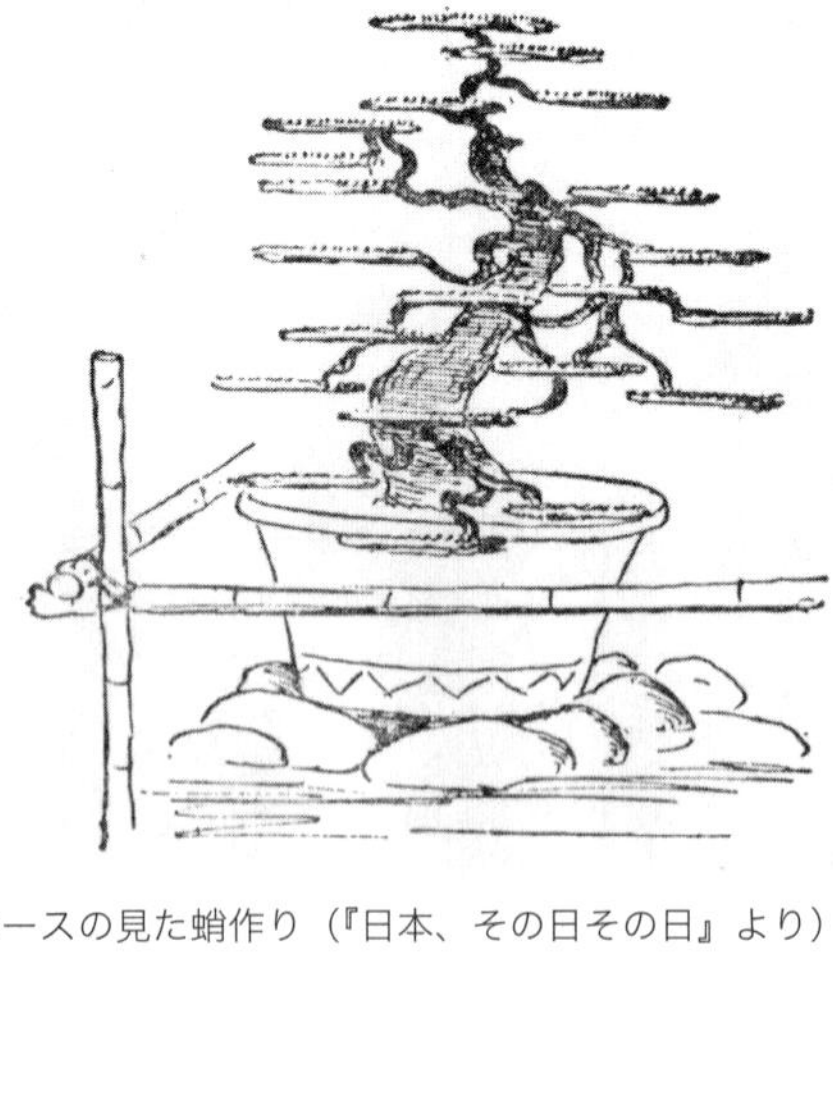

モースの見た蛸作り（『日本、その日その日』より）

これは明治十年（一八七七）、日本最初の産業博覧会となる、第一回内国勧業博覧会の農業館の様子を書いたものだ。ここに登場している、「奇怪極る」という言葉が、モースの「蛸作り」に対する率直な印象をよく伝えている。掲載された図を見ても、複雑に曲がった枝先がよく描写されている。明治十年には、まだこうした「蛸作り」が園芸の世界に残っていたのである。

さて、江戸時代の鉢木の姿を想像していただけただろうか。江戸時代の鉢木の主流は「蛸作り」であり、曲がった枝を見せようというものであった。シュリーマンの日記に登場している、蛙の形に仕立てられた松なども、この系譜にはいるものだろう。江戸の植木屋は、樹木を曲げて、人間の意志に従わせる技術に長じていた。しかしその美意識は、現在の盆栽が目指す「自然の美」とは方向性の異なる、人工的な造形物だったのである。

この江戸の姿を伝える鉢木の記録は、モースの日記以降は見られなくなっていき、その世界観はガラリと変わっていく。

横井時冬の「盆栽考」

明治二十五年（一八九二）、『日本園芸会雑誌』の第三十六号に「盆栽考」という原稿が掲載された。「春日権現験記絵巻」や『徒然草』、また江戸時代の随筆などを使って、古代から近世までの、盆栽の歴史を解説するものだ。盆栽の歴史に関しては、戦後にも岩佐亮二『盆栽文化史』、丸島秀夫『日本盆栽盆石史考』といった専門的な盆栽史が刊行されているが、それらの原型を作ったのが、この「盆栽考」であった。

この「盆栽考」の筆者が、横井《よこい》時冬《ときふゆ》（一八五九—一九〇六）である。この横井の名前は、日本近代美術史を専門とする者にとっては、なじみが深い。横井の著作『工芸鏡』（一八九四）と『日本絵画史』（一九〇一）は、共に工芸史・絵画史の先駆的著作として知られている。また近代最初の茶人の伝記『小堀遠《こぼりえん》州《しゅう》・本阿弥光悦《ほんあみこうえつ》』（一八九六）や、木版の精巧な工芸意匠集『大日本美術図譜』（一九〇〇）など、その著作は多彩である。このように明治期の美術史に大きな足跡を残している横井であるが、その専門は意外や経済史なのである。

そもそも横井家は、徳川家康に仕えていた

武家であった。家祖の横井時久は関ヶ原の戦い、大坂の陣で軍功をあげ、家康より千九百石の大禄を与えられている。やがて尾張徳川家の創設にあたって家臣団に入り、代々尾張藩の鷹匠頭をつとめていた。同族には江戸中期の国学者、横井千秋（一七三八―一八〇一）がおり、本居宣長の門下に名前を連ね、『古事記伝』の刊行に尽力したという。こうした環境にあった時冬は、幼少時に両親を亡くしたものの、家にある書籍を読みながら成長していく。

上京した時冬は東京専門学校（現・早稲田大学）に入学、法学と英学を学んでいる。そのかたわらで小杉榲邨《こすぎすぎむら》をはじめとする国学者について歴史学を深め、その才能を開花させていった。当時の歴史学は、ひたすら史料を探って記述を集め、日本史を体系化するための材料を集めるという段階である。横井は膨

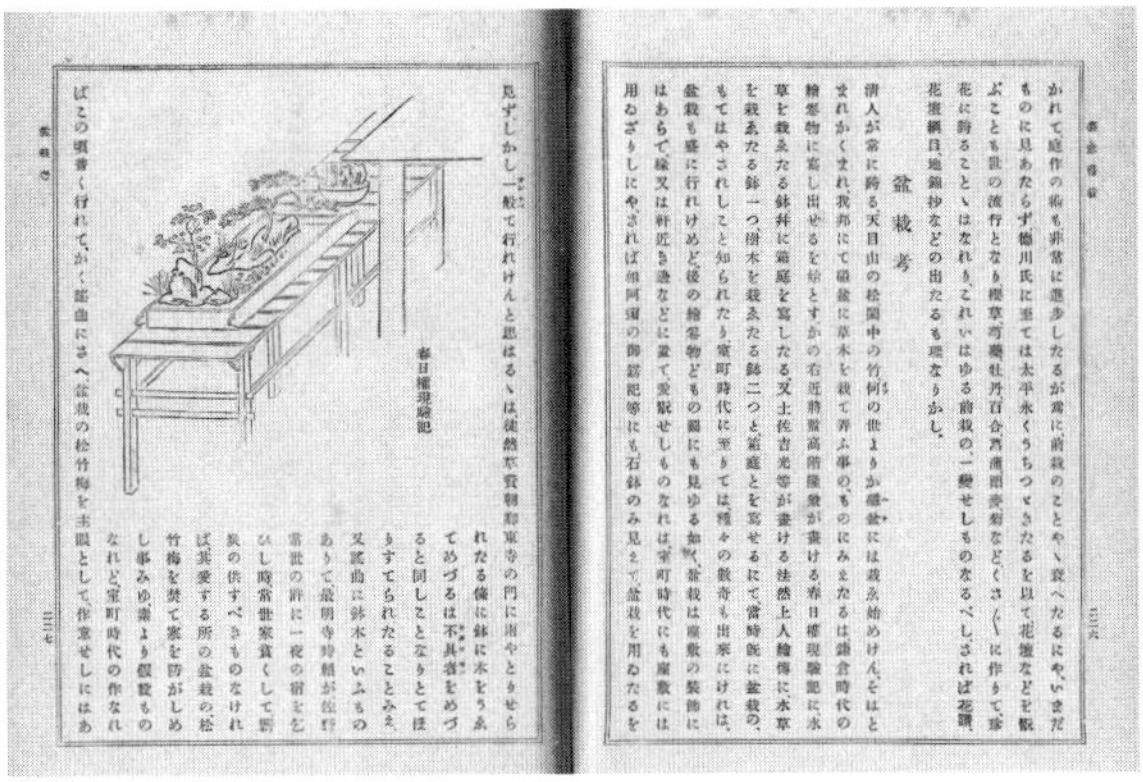
藝窓襍載　二二六

かれて庭作の術も非常に進歩したるが爲に前栽のことやゝ衰へたるにや、いまだものに見あたらず徳川氏に至ては太平永くうちつゞきたるを以て花壇などを翫ぶことも世の流行となり櫻草朝顏牡丹百合菖蒲石竹菊などくさぐさに作りて珍花に誇ることゝはなれり、これいはゆる前栽の一變せしものなるべし、されば花譜、花壇綱目、地錦抄などの出たるも理なりかし、

盆栽考

唐人が常に誇る天目山の松閣中の竹何の世よりか盆栽には栽ゑ始めけん、そはとまれかくまれ我邦にて磁盆に草木を栽て弄ぶ事のものにみえたるは鎌倉時代の繪卷物に寫し出せるを始とすかの右近將監高階隆兼が畫ける春日權現驗記に水草を栽ゑたる鉢丼に箱庭を寫したる又土佐吉光等が畫ける法然上人繪傳に水草を栽ゑたる鉢一つ樹木を栽ゑたる鉢二つと箱庭とを寫せるにて當時既に盆栽の、もてはやされしこと知られたり室町時代に至りては種々の數奇も出來にければ、盆栽も盛に行れけめど後の繪卷物どもの圖にも見ゆる如く盆栽は座敷の裝飾にはあらで椽又は軒近き邊などに置て愛翫せしものなれは室町時代にも座敷には用ゐざりしにやされば能阿彌の御錺記等にも石鉢のみ見えて盆栽を用ゐたるを

盆栽考　二二七

見ずしかし一般て行れけんと思はるゝは徒然草資朝卿東寺の門に雨やどりせられたる傍に鉢に水をうゑてめづるは不具者をめづると同しこととなりとてほりすてられたることとみえ、又謡曲に鉢木といふものありて最明寺時頼が佐野常世の許に一夜の宿をとひし時常世家貧くして薪炭の供すべきものなければ其愛する所の盆栽の松竹梅を焚て寒を防がしめし事みゆ素より假設ものなれど室町時代の作なればこの頃普く行れてかく謡曲にまで盆栽の松竹梅を主眼として作意せしにはあ

横井時冬『芸窓襍載』の「盆栽考」

大な文献を探りながら、歴史学をベースにして日本の経済・産業史を組み立てていき、代表著作となる『日本工業史』（一八九八）と『日本商業史』（一八九九）をまとめあげた。

このように商業史を専門とするかたわらで、横井は美術、工芸もカバーするという、マルチな研究活動を展開したのである。『盆栽考』をはじめとする園芸史も、その一部であった。明治二十二年には早くも『園芸考』を刊行しており、ここでは日本庭園について論じている。そして三年後に発表されたのが「盆栽考」であったが、実はセットで「前栽考《せんさい》」という論文も存在する。横井にとっては、「前栽（いわゆる庭木）」と「盆栽」で一対の概念だったわけである。先述の小杉は、横井が盆栽や草花の栽培にも親しんでいた様子を回想している。そんな横井であればこそ、早い段階で、分野を横断するような広範な盆栽史を確立しえたのであろう。明治三十六年には論文集『芸窓襍載《げいそうしゅうさい》』を刊行しており、ここでも「前栽考」と共に、少しバージョンの異なる「盆栽考」が掲載された。

横井は高等商業学校（現・一橋大学）の教授をつとめるかたわら、早稲田大学の商科創立にも携わるなど、多忙な生活を送っていた。しかし明治三十九年、急な病により、満四十七歳の若さで亡くなってしまうのである。横井が今すこし長生きをしていたのならば、盆栽の歴史も少し変わっていたかもしれない。

第三章

「盆栽」の誕生

❖——煎茶の流行と「文人盆栽」

前章では、「蛸作り」に代表される、江戸時代の鉢木の様子を見た。しかしこうした「蛸作り」は、近代に入るとその姿を消してしまう。その大きな原因となったのが、実は煎茶趣味なのである。煎茶を仲立ちとして中国の明王朝・清王朝の影響を受け、植木鉢と樹形を変えたのである。

ここで少し、煎茶の歴史を紹介したい。現在、我々が親しんでいる煎茶、つまり急須で茶葉から抽出する方法は、中国の明時代（十四〜十七世紀）に完成した。粉末にしたお茶を攪拌して飲む抹茶に比べて、新しい飲み方である。中国では、十七世紀に入ると、北方から攻めてきた女真《じょしん》族《ぞく》（清）が明王朝を圧迫しはじめ、明王朝の知識人たちが日本に亡命してくる。彼らを通じて、明の煎茶文化が伝えられたのである。当時、特に日本における中国文化の中心地となったのが、京都宇治の萬福寺《まんぷくじ》である。黄檗宗《おうばくしゅう》の総本山であり、開山には中国僧の隠元隆琦《いんげんりゅうき》（一五九二〜一六七三）が招かれた。この萬福寺は、建物から生活習慣までが中国風であり、僧侶たちの間では明風の煎茶も飲まれていた。現在でも萬福寺には、隠元が用いたという、大型の急須（中国では「茶壺《ちゃこ》」という）も伝わっている。

しかしその頃、現在と同じような日本茶があったわけではない。当時の製茶技術は未熟で、茶葉も黒味を帯びた荒い作りであったとされる。元文三年（一七三八）になり、宇治茶師の永谷宗《ながたにそう》円《えん》が蒸気を加えて揉む「蒸し茶」、すなわち現在の日本茶の製法を開発する。ちなみにこの宗円という人物は、「お茶漬け海苔」で有名な、永谷園の祖先である。そしてこの蒸し茶の開発と同じ頃、「売茶翁《ばいさおう》」こと高遊外《こうゆうがい》（一六七五〜一七六三）が登場した。売茶翁は黄檗宗の僧侶であったが、僧侶をやめて京都郊外の東山に住まいを置き、一服一銭で煎茶を売るという、清貧の生活にはいる。この売茶翁の自由な生き方が、その後の煎茶人の理想像となっていった。このように、製茶技術の発展と喫茶法の普及が進み、煎茶は文化として成熟していく。余談が重なるが、さらに製茶の技術が発展し、覆いをして日陰で育てた「玉露《ぎよくろ》」が開発され、これを江戸の商店「山本山」が売り出すのは、天保六年（一八三五）のことである。

煎茶の歴史において盆栽の登場は早く、十八世紀中には煎茶の席に取り入れられていたようである。文化元年（一八〇四）刊行の煎茶書『煎茶式』に、次のような一文がある。

壁間ノ書画机上ノ瓶花及ヒ盆木盆草或ハ陸鴻漸ノ像、道家ノ像、仏像ヲ設ルモ亦茶事風流ノ一助ナラン歟。

（『日本庶民文化史料集成10』）

壁に掛けた書画、机の上の花瓶、盆木や盆草、あるいは陸鴻漸《りくこうぜん》や道家の像、仏像を飾るのも、茶席の風流を助けるものです。

このように煎茶の席では、風流の一種として、机の上に盆木・盆草を飾ってよいとする。『君台《くんだい》観左右帳記《かんそうちょうき》』といった古い座敷飾りの作法では、土のついたものは嫌われる傾向にあった。ところが煎茶では、盆栽が書画や瓶花（生け花）、あるいは仏像などと同じように扱われているのである。中国の文人画では、書斎や風景の一部に、小さな盆栽が描かれている場合が多い。こうしたイメージが、盆栽を茶席の飾りに持ち込むことを可能としたのだろう。なお文中の「陸鴻漸」とは、『茶経』を書いた中国唐時代の文人・陸羽《りくう》（七三三〜八〇四）のことである。

この『煎茶式』の著者である増山正賢《ましやままさかた》（雪斎）は、伊勢国（三重県）の長島藩主という、れっきとした大名である。『煎茶式』の他に、囲碁を論じた『観奕記』（一七九三年）、書について述べた『松秀園書談』（一八〇三年）などの著作を持ち、また精巧な虫類の写生図を残すなど、文筆に長じた文人大名であった。

正賢が煎茶に傾倒するきっかけとなったのは、『煎茶式』刊行の五年前にさかのぼる。寛政元年（一七八九）、正賢は大坂城御加番役に任ぜられ、この年から三年の間、「天下の台所」大坂の空気に接していた。当時の大坂では、文人趣味が流行していた。この場合の「文人」とは中国趣味、特に明王朝・清王朝の文化を愛好する人々である。何事にも先例を大事にする武家とは違い、大坂の町人達は、長崎の出島を通じてもたらされた最先端の中国文化を享受していた。前章で述べた墨江武禅《すみのえぶぜん》の「占景盤」も、こうした中で生み出されたのである。

煎茶会も同様に、煎茶を淹《い》れて飲むことを中心としながら、中国の書画や、工芸品を楽しむ集まりとして発展した。その背景にあったのは、抹茶を飲む「茶道」への批判である。当時の「茶道」は、武家を主な担い手としていたためか、規則化と権威主義の傾向を強めていた。そんな「茶道」のような細かな規範にしばられないこと、そして売茶翁のような自由の境涯をもとめるのが煎茶の心である。このような煎茶会で、盆栽が飾られていたわけである。

この煎茶会でどのような盆栽が飾られていたのかを確認するには、茗讌図録《めいえんずろく》が参考になる。この茗讌図録というのは、言ってみれば煎茶会の記録冊子である。ちょっと難しい言葉であるが、「茗」は茶の古い呼び名、「讌」は宴会を意味している。抹茶の茶会記録である茶会記を手本としながらも、席の様子や道具などを絵図面で記録しており、部屋や飾り付けの様子までもわかるという、後の時代の者にとって大変ありがたいものである。幕末から明治期にかけて相当な数が刊行されており、ここでは文久三年（一八六三）に刊行された『青湾茶会図録《せいわんちゃかいずろく》』を見てみたい。なお筆者は田能村直入《たのむらちょくにゅう》、有名な南画家・田能村竹田《ちくでん》の養子である。

盆栽　交趾窯《こうちよう》。白磁の四角い盆で果実のついた石榴《せきりゅう》（ザクロ）を養っている。

海鼠釉《なまこゆう》の磁器の小盆一つ。石菖蒲《いしあやめ》（セキショウ）、俗に言う「針管者」を養っている。

紫泥の丸い盆一つ。紫薇花《しびか》（サルスベリ）を養っている。

これらは石盤の上に置かれていた。

盆栽　交趾窯。白磁方盆一。養石榴結子者。海鼠色磁小盆一。養石菖蒲。俗称針管者。紫泥円盆一。養紫薇花。以置石盤上

（『日本庶民文化中料集成10』）

さてこの席では、飾りの一部として、三鉢の「盆栽」が石製の盤の上に飾られていた。この交趾、海鼠釉、紫泥というのは植木鉢（中国では「花盆《かぼん》」という）の種類であり、そこにそれぞれザクロとセキショウ、サルスベリが「養」われているという。つまり鉢の記述に重点が置かれ、そこに草木が従属するような書き方なのである。

そもそも煎茶席において、鑑賞するうえでの主役となるのは中国の陶磁器、特に宜興《ぎこう》（江蘇

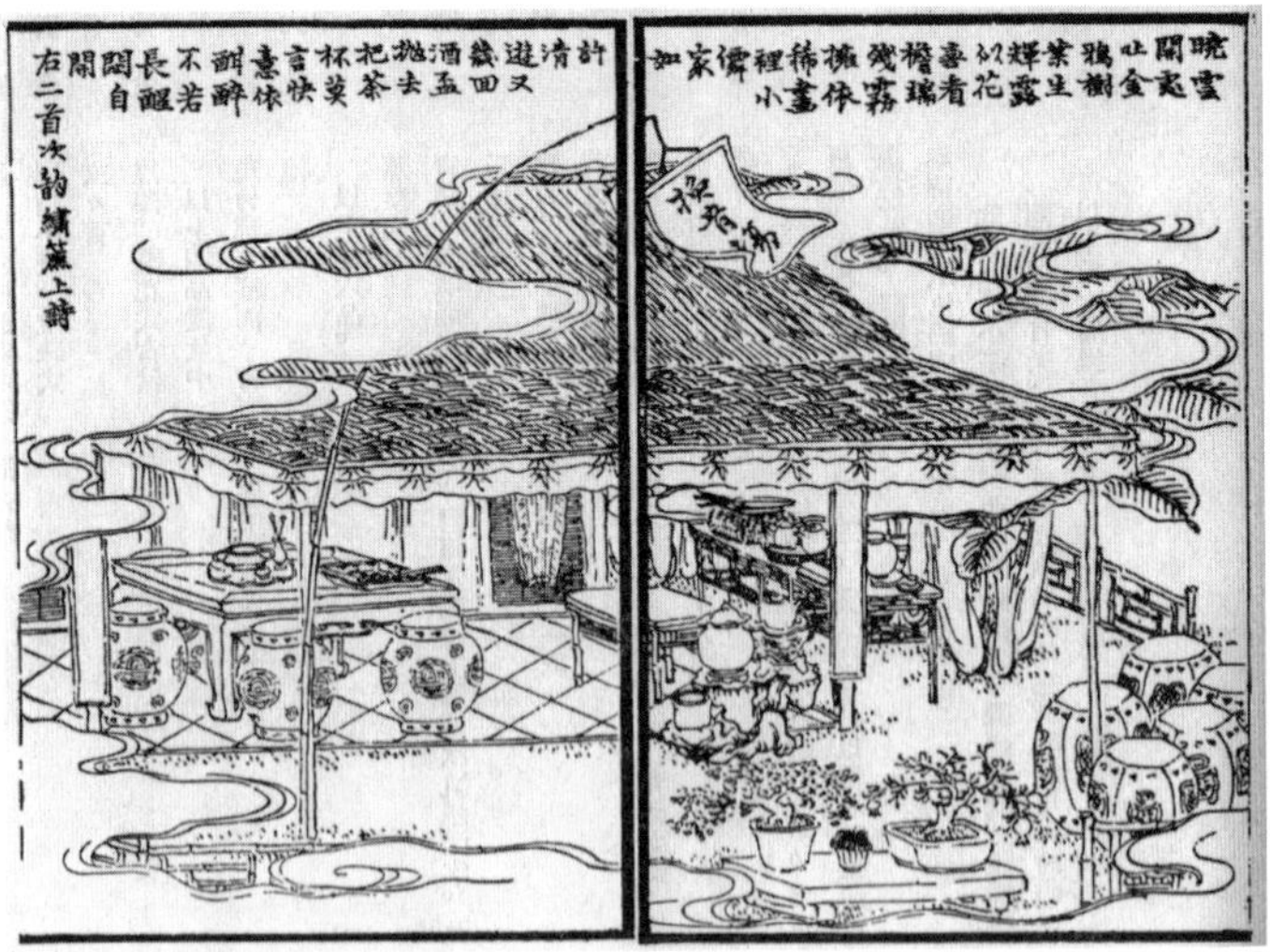

中央右下に３鉢の盆栽が並ぶ（『青湾茶会図録』 国立国会図書館）

省宜興市）を産地とする紫泥《しでい》の急須（茶壷）なのである。あの茶色い、素焼きの急須が重要なのだというと、驚かれる方もいるだろう。宜興の急須は文人の趣味を反映したものであり、名工の作にはしばしば漢詩が彫り込まれた。こうした急須は中国から盛んに輸入され、煎茶家の間で熱烈に愛好されていたのである。

先に挙げた中国製の植木鉢も、この急須と一緒に中国から輸入されたものである。この植木鉢に重点を置いた記述は、盆栽も中国陶磁器への関心から煎茶席に取り入れられたという状況をよく物語っている。そこに植えられた草木も、前章で見た人工的な「蛸作り」ではなく、中国の絵画に描かれるような、下枝の少ないひょろりと立ちあがる姿のものが好まれた。

このような中国文化の影響を受けたものは、現在では「文人盆栽」と呼ばれている。また音読みの「ぼんさい」という呼び方も、十九世紀初頭頃より、こうした茗讌図録から定着しはじめたと見られる。

❖――盆栽園の起源

この煎茶や文人盆栽の影響を受け止め、近代の盆栽界の中心として登場してきたのが、盆栽園であった。

日本文化における盆栽の特徴の一つが、流派が存在しないという点である。茶の湯で言えば三千家や藪内流《やぶのうち》、遠州流といった流派があり、家元がさまざまな伝授を継承している。他にも生け花の池坊流《いけのぼう》や、能楽の観世流《かんぜ》、宝生流《ほうしょう》などが有名である。しかし盆栽には、こうした流派が存在していない。その代わりのようにあるのが、盆栽園の系譜である。では、盆栽園とはどのような存在なのだろうか。

十八世紀初頭には人口が百万人を超えていたと言われる大都市・江戸には、たくさんの植木屋が営業していた。彼らの主な仕事は、江戸の土地の半分以上をしめていた、武家屋敷の庭園の手入れである。さらには園芸植物の栽培と販売を手掛け、前章で見た「蛸作り」の鉢木も仕立てていた。彼らは植物についての高度な技術と知識をもっており、中には園芸書を刊行する植木屋も登場している。

明治九年（一八七六）に発行された、「東花植木師商名鏡」という番付表がある。ここに登場する総勢百二十名の植木屋は、「花園樹斎《かえんじゅさい》」「庭師」「替物師」「樹斎」「鉢物師」「地木鉢物師」「梅屋敷」「万年青師」「さぼてん」「地木師」「ばら」と分類されている。このように、一口に「植木屋」といっても、江戸時代から専門的な分業化がすすんでいたのである。

さて、このうち「地木師」が植木、「鉢物師」が鉢植えを扱っており、両者を兼業する「地木鉢物師」もいたというのはわかる。さらにその上に、「花園樹斎」と呼ばれる一群がいた。彼らは大手の植木屋であり、自ら植物を育てて小売業を行うと共に、行商たちに卸しを行っていたという。その名前を見てみよう。

香樹園　鈴木孫八
内山平右衛門
伊東八十次郎
皆宜園　川元友吉
梅花園　佐原平平
西花園　内山卯之吉
錦香園松五郎
咲花園　田中定治郎
長沢太吉

この九名のうち、六名が〇〇園と名乗っているが、「東花植木師商名鏡」では、他にこうした名乗りをしている植木屋はない。この園号を名乗ることが、特別な意味をもっていたようである。

ここで最初に名前が挙がっている香樹園《こうじゅえん》・鈴木孫八《すずきまごはち》、そしてその弟子の苔香園《たいこうえん》・木部米吉《きべよねきち》こそ、明治期の東京における盆栽界の中心人物である。大手の植木屋が、盆栽を専門とする、盆栽園へと成長したのである。

❖——香樹園と苔香園

鈴木孫八の父親は内山長太郎《うちやまちようたろう》、「巣鴨の花太閤」と呼ばれた人物である。唐辛子の苗の行商からはじめ、天保の大飢饉（一八三三～一八三九）による青物市場の高騰を利用して野菜の販売で巨額の利益をあげ、江戸郊外の巣鴨村に三千坪という植木屋を開業する。また行商の時分、園芸の話で意気投合した若侍が、実は富山藩主となる前田利保《としやす》（一八〇〇～一八五九）であった。長太郎は、この利保を通じて会津藩や薩摩藩など、他の大名家とも関わりを持つようになっている。まさに行商から立身出世をなしとげた、植木屋の「太閤」という人物である。

この植木屋としての栄華を極めた長太郎の家に、次男として生まれたのが孫八であった。父について水戸徳川家の出入りとなり、後楽園（水戸藩中屋敷、現在の小石川後楽園）の花栽培を担当したという。また孫八は水戸藩主出身の十五代将軍・徳川慶喜《よしのぶ》にもかわいがられたというが、慶喜は孫八よりも二十七歳も年下で、一橋家へ養子に入るまでは水戸（茨城県）で育っている。これは慶喜の父親・徳川斉昭《なりあき》の誤りだろう。

明治元年、孫八は芝増上寺の東照宮の脇に、「公園花屋敷」を開園した。これは巣鴨が、元は増上寺の知行所であった縁からだという。芝の増上寺といえば、上野の寛永寺にならぶ徳川将軍家の菩提寺であり、その建築群は日光の東照宮のような壮麗なものであった。残念ながら、その立派な建築群は第二次世界大戦の戦災で焼けてしまうが、江戸の名所の一つであった。

　この増上寺の境内に開かれた「公園花屋敷」とは、どのようなものだろうか。花屋敷といえば、浅草にある遊園地「花やしき」を思い浮かべる方が多いだろう。本来は、いろんな草花を栽培して人々に見せるという、今でいうところの植物園を意味していた。東京の墨田区にある向島百《むこうじまひゃっ》花園《かえん》も、「花屋敷」「新梅屋敷」などとも呼ばれていた。こちらは文化二年（一八〇五）の開園であり、その先駆といえるだろう。浅草の「花やしき」も、前身は嘉永六年（一八五三）に植木屋の森田六三郎が開いた庭園であり、明治中期から次第に遊園地という性格を持っていく。

　明治期には、江戸名所の公園化が進められ、その敷地には料理屋や植木屋が取り込まれた。たとえば上野公園は、元は寛永寺の境内であり、明治六年に公園として開園する。この上野公園でも、明治十年代に丸新百草園《まるしんひやくそうえん》の平井新次郎《ひらいしんじろう》が敷地の一部を借用し、ここに支店を開いている、これが現在の上野グリーンクラブの敷地である。

　さて、孫八は明治四年には増上寺の敷地を義弟にゆずり、自分は団子坂《だんござか》に移転した。さらに明治六年に津藩（三重県）の藤堂家から本所横網町《ほんじよよこあみちよう》の土地を借り、ここに開業する。この時期、香樹園を引き立てたのが、桂小五郎《かつらこごろう》から名を改めた木戸孝允《きどたかよし》である。木戸は植木屋の集まる巣鴨に別邸をかまえており、仕事帰りに植木屋をのぞいていた様子が、日記にも見えている。横網町の孫八の所へは、孫八の弟である内山菊寿の紹介で訪れるようになったらしい。日記にも、「植木屋孫八」の名前で登場している。木戸はしばしば伊藤博文《いとうひろぶみ》や山縣有朋《やまがたありとも》といった長州藩の舎弟を孫八の所へ連れていくと共に、大久保利道《おおくぼとしみち》と碁を打つなどしていたようである。明治政府の重鎮たちが余暇を楽しむ、香樹園とはそんな社交場としての性格をもっていた。「香樹園」という園号も、木戸孝允によって命名されたものであり、これは植木屋が〇〇園と名乗り始めた最初だという。

香樹園の重要な業務が、造園である。孫八は政界人とのつながりをもとに、造園の公共事業を受注していた。その業績として、次の四件が伝わっている。

明治八年　ウィーン万国博覧会の日本庭園を担当
明治十一年　陸軍省より招魂社（靖国神社）の造園を受注
明治十九年　皇居（明治宮殿）の造園を受注し、四年間従事する
明治二十二年　清国公使館

孫八はこの靖国神社造園に際し、九段坂に出張所をもうけている。この出張所を任され、香樹園から独立したのが、苔香園の初代・木部米吉であった。米吉は堀江藩（静岡県）の藩士の家に

明治30年頃の苔香園（『風俗画報』より）

生まれた武士であったが、明治維新以降は職を転々とし、香樹園の弟子となったらしい。明治六年のこととも、八年のことともいう。わずか数年後の明治十一年に出張所を任されたというから、よほど才覚があったのだろう。

独立してからは、山縣有朋、後に内務大臣となる品川弥次郎《しながわやじろう》、造幣局長となる遠藤謹助《えんどうきんすけ》といった長州藩の維新功労者や、東本願寺法主の大《おお》谷光瑩《たにこうえい》らの愛顧を受けた。造園においても、靖国神社庭園の他に、明治天皇の側近の岩倉具視《いわくらともみ》、陸軍中将の三浦梧楼《みうらごろう》、遠藤謹助の邸宅を手掛けたとされる。靖国神社庭園の他は現存していないが、やはり造園家として明治政府の高官に取り立てられていたわけである。

苔香園は、明治二十五年に芝公園へと移転した。当時の苔香園の様子が、明治三十年の『風俗画報』に挿絵として掲載されている。この図を見ると、棚場に多種多様な鉢が並べられ、それを着物姿の女性が眺めている。また奥には茶店が描かれており、ここでは「苔香園」の文字入りのせんべいが出されていたらしい。入園料は無料であったというから、散歩がてらに来園した客に季節の草花を見せ、気に入ったものを買ってもらうという営業形態だったのだろう。

また苔香園の場合は、目黒不動尊の門前に「目黒花壇《めぐろかだん》」という花園を運営していた。目黒不動尊もまた、江戸時代からの行楽地であり、そこに明治三十五年に、展示場を開いたのである。五百坪ほどの敷地には三つの池を中心に、五つの建物を配置し、また盆栽や盆石を棚に飾ってならべていたという。この目黒花壇も、郊外の行楽地として知られていたが、大正九年に閉園している。現在その跡地は住宅街になっており、かつての面影はまったく見られない。

❖——靖国神社庭園について

さて、靖国神社の庭園を御存知だろうか。拝殿の裏にあるため、関心のない方は素通りしてしまいがちであるが、庭園愛好家の間では、明治期の東京を代表する名園として知られている。日本で二番目に長いという石橋も立派であるが、特に滝の石組が力強い。この名園は、その見事さにも関わらず、庭園史では長らく作者は不明とされてきた。この名園を、香樹園と苔香園が作ったというのである。

孫八の息子である村田利右衛門《むらたりえもん》は、靖国神社を作庭した前後の事情について、回顧録「盆栽昔物語」で次のように述べる。

それから父は大阪の五代友厚《ごだいともあつ》氏に伴われ、同地の視察旁々《かたがた》出張致しました（中略）夫《そ》れから父は五代氏と御相談の上、大阪の風雅人佐々木葭村《ささきかそん》翁を東京へ伴《つ》れ帰りましたが、此《こ》の者は非常に瓶花盆栽の趣味に富み、当地の盆栽界には多大の力を尽しましたものです。（中略）尤も父は盆栽営業の傍ら、宮内省を始め、諸官省や諸大家の庭園築造方も致して居りました、夫れ故西南役後即ち明治十一年、招魂社の庭園築造方一式を陸軍省より仰せつけられました、依て其近傍に職人宿泊所の必要を生じ、同省より牛ヶ淵公園前九段坂中途に借地を願い、同所に事務所を据えました、序に盆栽草花の陳列所開設をも願い、其店主に弟子の木部米吉を選抜して苔香園と称し、盛に営業を致させました。

靖国神社の庭園

靖国神社は、当初は東京招魂社として創建された。戊辰《ぼしん》戦争の戦没者を慰霊するために、明治二年に創建されており、関与したのは当時の陸軍省である。現在防衛庁で管理されている陸軍省の資料を確認してみたが、残念ながら造園を行った業者の名前は明記されていなかった。ただし当初は西洋庭園が作られていたものの、明治十一年に現在の日本庭園が新たに造園されたことは確認できた。また靖国神社庭園は非常に優れた石を用いており、廃棄された大名庭園の庭石を流用したものと考えられてきたが、これは熊本藩細川家江戸藩邸の庭園の石が持ち込まれたらしい。

この庭を、香樹園と苔香園が作ったという情報を信じてよいか悩んでいたところ、福岡県文化財保護課の正田実知彦《しょうだみちひこ》氏から重要な情報を得た。正田氏とは大磯・小田原の庭園めぐりを御一緒したという縁があったのだが、その正田氏が研究している造園家の佐崎可村《ささきかそん》（佐々木葭村）が、靖国神社庭園を作庭したというのである。

佐崎可村は大阪の造園家であり、明治初頭に大隈重信《おおくましげのぶ》から東京に招かれ、各種の造園に従事したという。

此の庭（大隈の早稲田邸）は故侯（大隈重信）の趣味、嗜好を中心として、斯道の通人鈴木

> 柯村《ママ》を始め、諏訪の銀次郎、渡辺華石等の人達が、其の蘊蓄《うんちく》を傾けて作ったのである。華石氏は画家で、兼ねて造庭や茶の湯などの趣味に通じていた。柯村氏は第一流の築庭家で、文人流の風致に徹底して居た。
>
> 故侯は曾《かつ》て柯村氏を大阪から東京へ誘致された、其後に香樹園の主人を柯村氏につけて京阪に派して、園芸の事を仔細に研究し見学せしめられたこともあった。柯村氏は渋沢（栄一）子爵の嘱を受けて、飛鳥山《あすかやま》の庭を作り、曾て故侯の旧邸であった雉子橋《きじばし》の庭園―其後仏《フランス》国公使館となって居たが今回の震火で烏有《うゆう》に帰した―を作り、（中略）又現に残っている九段靖国神社の奥庭を作ったことがあった。此の柯村氏が元来宜《よ》く出来ていた庭へ更に力を入れて風致を添え、それへ華石氏、庭師諏訪の銀次郎等の力をも加え、殊に侯独自の工夫を凝らされたから、大隈会館の庭が特殊の詩的情味を湛えているのは当然である。
>
> （高須梅渓『大隈會館《おおくまかいかん》之《の》栞《しおり》』）

さて、二つの記述を比較してみよう。可村が東京に出てきた理由について、「盆栽昔物語」では大阪経済界の重鎮である五代友厚と孫八の要請とし、『大隈會館之栞』では大隈重信が呼んだことになっている。また『大隈會館之栞』では、孫八が可村から京都・大阪の庭園について学んだことになっているという、食い違いがある。

しかし最大のポイントは、「鈴木柯村」という、鈴木孫八と佐崎可村の名前が融合した名前が登場していることである。これが一例のみであればまだ良かったが、同じく正田氏からご教授いただいた近藤正一『名園五十種』（博文館、一九一〇）においても、「鈴木華村」として登場している。どうもこの二人は、大正時代には、相当混同されていたようである。正田氏も、鈴木孫八の存在を知って、可村の名字が間違えられる理由がわかったと納得されていた（なお同時代には、日本画家・鈴木華邨も活躍していた）。

複数の資料に並んで登場していることから、鈴木孫八と佐崎可村に接点があったことは確実である。靖国神社の作庭においても、孫八が人手を出していたとすれば、可村はおそらく設計の指導をしたのだろう。ただし、見どころとなる滝の石組は、可村の作庭とは趣きがことなるという。この部分は、孫八か米吉の仕事かもしれない。

なお、佐崎可村の造園としては、雉子橋大隈邸（現存せず）、早稲田大隈邸（現・大隈庭園）、飛鳥山渋沢別邸（現・旧渋沢庭園）、靖国神社庭園、遊亀公園《ゆうきこうえん》（甲府市）、大宮公園（さいたま市）が挙げられる。この内、大宮公園といえば氷川神社に隣接しており、後にその北側に、大宮盆栽村が拓かれることとなる。

このように香樹園や苔香園は、花屋敷や目黒花壇といった、娯楽性のある植物園を運営、また造園業を重要な業務とし、靖国神社庭園などの公共事業を受注する存在であった。その背景には、木戸孝允や大隈重信をはじめとする政府高官との結び付きがあり、当時の植木屋として最高位に君臨していた。その彼らが、「鉢木」を「盆栽」へと作り変えていったのである。

❖――「盆栽」の誕生

先にもあげた「盆栽昔物語」において、村田利右衛門は江戸時代を回想して次のように述べる。

> その頃植木では矢張《やはり》五葉松、接木の古木梅、斑《ふ》入《い》り竹柏、斑入りの槙などにて、凡《すべ》て蛸作俗に曲物作と称して、今日から見ると実に見られたものではありません、然《しか》し夫《そ》れが又非常に売れまして、長太郎の先代時分には大御所様、島津家、黒田家、其他諸大名様方が折々長太郎方へ御出になって、種々の品を御買上になったことを祖父から聞いて居ました

どうも江戸時代には、ゴヨウマツだけでなく、ウメなども全て「蛸作り」にしていたようである。当時の様子を思い返しながら、利右衛門はそれらを「見られたもの」ではなかったと切り捨てる。江戸と明治における、美意識の大転換がここにある。

また利右衛門は、文中で木戸孝允に次のように語らせている。

> 此の香樹園の底内《ママ》の植木も蛸作や曲物作が全部無くなるようにならんければいかん

木戸孝允が、実際にこの言葉を発したかどうかはさておき、この記述は、江戸の「蛸作り」を否定することによって、近代の「盆栽」が誕生したという状況をよく物語っている。

また「盆栽昔物語」では、「蛸作り」の価格について述べている。何代かはわからないが、徳川将軍が内山長太郎の植木屋を訪問した際、瑠璃釉《るりゆう》の鉢に植えられた曲物を、一棚を百円で買い上げたという。一棚が、大小とりまぜで三十鉢程度だったというので、平均三円程度になるだろうか。利右衛門が、江戸時代の回想に、明治の通貨単位である「円」を用いているのでややこしいが、明治中期の一円は、現代の一～二万円に相当するとされる。おそらく高くても、現代の価格で平均十万円程度のものだったようだ。これに対し、当時流行のタチバナの珍種は、一鉢が数百円にもなったという。現代の価格になおすと数百万円で売れたことになるから、相当なひらきがあったわけである。

さて、先にも引用した中島信義『草木実験　盆栽仕立秘法』でも、明治に入り、アカマツやクロマツを、自然の姿に似せてつくることが流行したと述べている。これは、大阪・京都の煎茶会で飾られていた、文人盆栽を指すものだろう。その中心人物のひとりが、徳川将軍家から朝廷への政権返還（大政奉還）を徳川慶喜に進言した、旧土佐藩主の山内豊信《やまのうちとよしげ》（容堂《ようどう》）だ。どうも大阪から東京へと、盆栽を取り寄せていたらしい。容堂は明治五年に亡くなっているので、これは維新直後の話となる。また先に見た佐崎可村も、大阪で盆栽を得意としていたという。この可村も明治十年頃までに東京に出てきているので、香樹園を通じて東京の盆栽に影響を与えていたはずである。

こうした西からの影響を受けながら、植木屋は江戸の鉢木を作り変えていった。その変化の生き証人が、江戸時代から伝わる盆栽たちである。中でも有名なのが、徳川家光が所持したという伝来を持つ「三代将軍」である（口絵1参照）。前章でも少し述べたが、このゴヨウマツは江戸時代に巣鴨の植木屋・伊藤伊兵衛に下賜されたもので、明治時代には、大日本帝国憲法の起草者のひとりとして知られる、枢密院顧問官の伊東巳代治《いとうみよじ》の所蔵となり、巳代治の没後に遺言で皇室へ献上された。

さて、この木を見ると、その複雑な幹の姿におどろかされる。枝が途中で切断された痕跡が無数にあり、それらが年数を経て樹皮にうもれようとしているのである。これは長い年月の間に、何度も手を入れられたことを意味している。古い木なのは確かであるが、これでは江戸時代の盆栽の姿を残しているとはいえない。

同じように、将軍家の盆栽を伝えているのが、東京都立園芸高等学校である。同校で管理されている三鉢の盆栽は、明治四一年に東京府が旧幕臣の小山田嘉吉《おやまだかきち》より買い上げ、同校に移管したものである。さいわいなことに、この内の一鉢は、明治期の写真が残されている。この写真と現

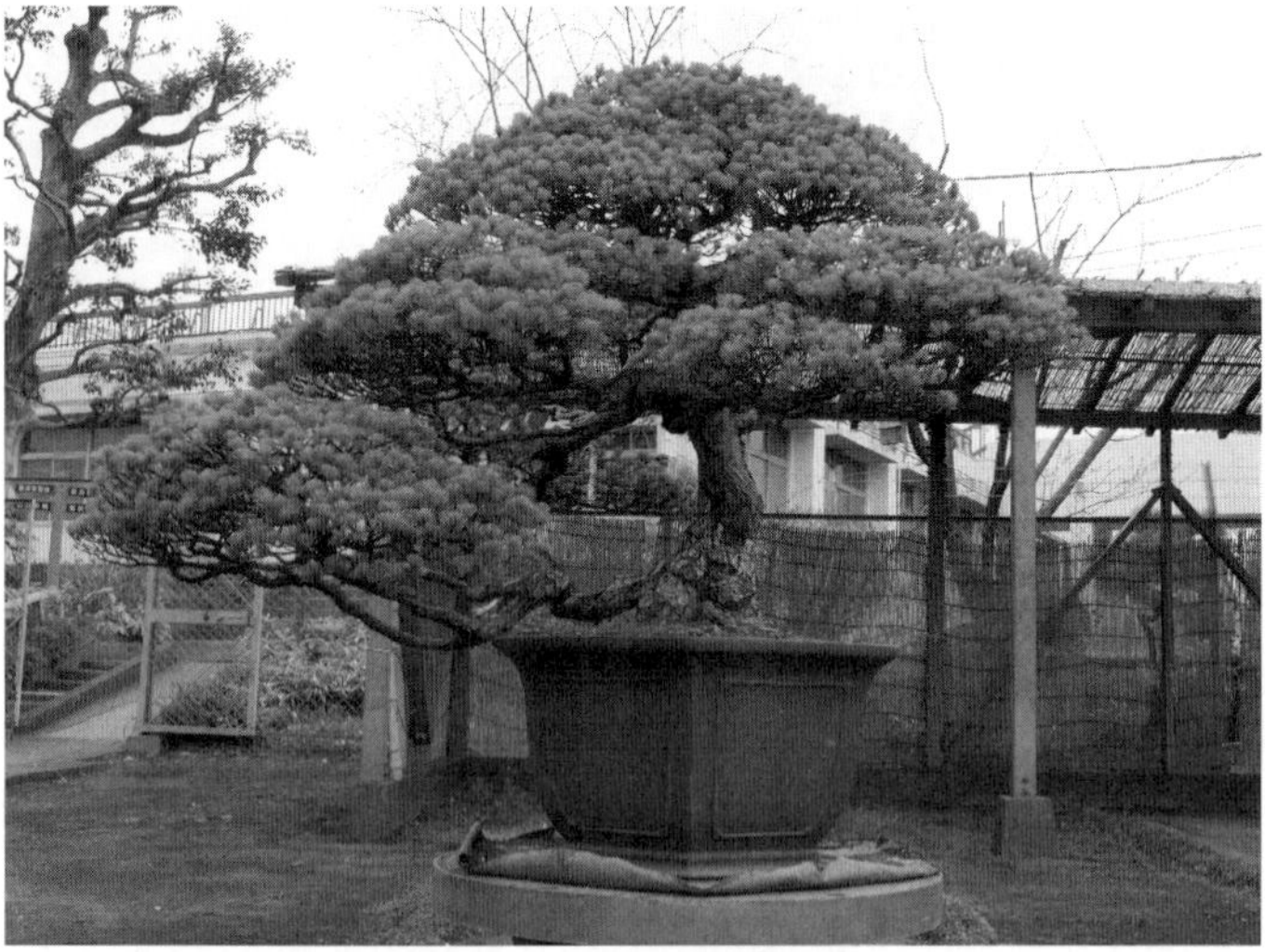

東京都立園芸高等学校に伝えられる将軍家の盆栽
（上・明治期の撮影、『盆栽文化史』 下・現在の様子）

在の姿を、比較してみよう。

木の正面は前後が逆転しているが、根元の形をよく見れば、同じ木であることがわかるだろう。かつては左右に長くのびていた三本の枝は、短く切り詰められ、特に幹の上部を覆うように枝が仕立てられている。このように枝葉を繁らせることで、「蛸作り」の最大の見どころであった幹を覆っているのである。また鉢も以前は染付であったが、現在は泥物に変えられている。同じ木であっても、樹形と植木鉢を変えられて、江戸風の「蛸作り」から、近代の「盆栽」へと生まれ変わったのである。

ただし、東京の盆栽園が、関西の「文人盆栽」を工夫もせずにそのまま受け入れたわけではない。中でも米吉は、中国清朝の絵画の手本書『芥子園画伝《かいしえんがでん》』を参考に、樹形を工夫していったと伝えられている。また煎茶会に見られた「文人盆栽」は、煎茶趣味の軽快さを持ち味としており、輸入された鉢の添え物という扱いであった。これに対して明治期の「盆栽」は、一つの鉢に一本の木が主役として植えられ、幹の姿と枝ぶりで、大樹の風格を目指すようになっていく。

そして「蛸作り」が若木の状態から曲げながら育てたのに対し、山で育った樹木を「山採《やまど》り」して育てるようになる。こうした「山採り」の樹木は、時として思いもかけない造形を見せる。人間が作った人工的な美ではなく、人間では作り出せない「自然」の生み出した姿を評価するようになったのである。折しも明治三十一年には、国木田独歩《くにきだどっぽ》が随筆「武蔵野」を発表し、当たり前にあった「自然」の美しさを謳《うた》いあげた。そして、文学だけでなく美術の世界でも、虚構の美を嫌う「自然主義」が提唱されるようになる。そして同じ時期に、盆栽を論じる上でも「自然」という言葉が用いられるようになった。盆栽の愛好家の間で「自然」であることに価値が与えられ、「自然の樹木の再現」が明確な目的となったのである。

この「山採り」の盆栽の主役となったのが、マツ類である。マツ類は生命力が強く、過酷な環境に耐え、年数を重ねた木々を探すことができた。これを植木屋が盆栽へと仕立て、政財界人の愛好家が高額で買うようになっていく。タチバナのような園芸植物にくらべて随分と安かった江戸時代の「蛸作り」と異なり、マツ類など常緑樹が主役となる世界観が作られたのである。こうした状況の中、香樹園や苔香園が、盆栽を専門とする「盆栽園」へと転身していった。いよいよ「盆栽」の時代の到来である。

大宮盆栽村の開村

埼玉県さいたま市には、「盆栽町」という地名がある。合併前の大宮市時代には、「盆《ぼん》栽村《さいむら》」と呼ばれていた場所だ。地域内には高名な盆栽園がならび、まさに盆栽界の一大拠点となっている。

この盆栽村が生れたきっかけが、大正十二年（一九二三）の関東大震災であった。東京の盆栽園の多くがこの時に被災し、その復興が急務となったのである。しかし都市化が進んだ東京では、水と空気がよごれており、盆栽を育てる環境ではなくなってきていた。こうした状況の中、東京の近郊に新天地をもとめた盆栽園主がいた、清大園の清水利太郎《しみずりたろう》である。清水が見出したのが大宮市、その氷川《ひかわ》神社《じんじゃ》の北側であった。ちょうど国鉄の東北本線（現・JR宇都宮線）が通っており、都心部へ盆栽を運ぶのにも便利な土地である。まだ当時は、武蔵野の面影を残していたという原野であったが、ここを買い取って切り拓き、盆栽業者による自治村としたのである。少し前の大正七年には、武者小路実篤《むしやのこうじさねあつ》が中心となって、埼玉県入間郡《いるまぐん》に「あたらしき村」が開村している。このような、同好の仲間によるる共同体づくりが、盆栽村のモデルとなった

昭和９年の盆栽村（九霞園）

のだろう。

最初に清水に賛同したのが蔓青園《まんせいえん》の加藤留《かとうとめ》吉《きち》と薫風園《くんぷうえん》の蔵石光三郎《くらいしみつさぶろう》であり、さらに団子坂・巣鴨周辺の盆栽園たちも移住してくる。昭和十一年になると、実に三十五軒もの盆栽園が集まっていた。碁盤の目状に整備された町並を走る通りは「さくら通り」「かえで通り」「けやき通り」などと命名されており、名前どおりの並木が植えられ、そこに並ぶ家々はすべて生垣であった。この塀が生垣でなければならないというのは、盆栽村住民の取り決めである。この他にも、二階建ての建物は禁止、庭には十鉢以上の盆栽を並べなければならないなどと決められており、まさに盆栽愛好家のための村だったのである。

最初に賛同した蔓青園の園主の加藤は、当

時東京では珍しかったエゾマツの培養技術を確立して活躍した。さらに国後島《くなしり》や択捉島《えとろふ》に船で乗りつけ、エゾマツを山採りしてくると、これを盆栽に仕立てて都市圏へ出荷、盆栽界にエゾマツの大ブームをもたらしたのである。

太平洋戦争下の総力戦体制にはいると、盆栽園も苦労した。嫌がらせをする憲兵に対しては、陸軍元帥であった寺内寿一《てらうちひさいち》（元内閣総理大臣・寺内正毅《まさたけ》の長男）の擁護をえて、難を逃れたという話もある。戦後は逆に、連合国最高司令官総司令部（ＧＨＱ）の将校が盆栽に関心を持ち、加藤は米軍キャンプに盆栽の育て方を教えにいくことになる。政界でも盆栽の愛好が続いており、盆栽村の九霞園《きゅうかえん》には、吉田茂《よしだしげる》や池田勇人《いけだはやと》など歴代首相が訪問している。

東京を代表していた香樹園、苔香園は、戦後に廃業していくが、戦前の盆栽界の残り香が、盆栽村に残されたのである。

第四章

近代の盆栽愛好家たち

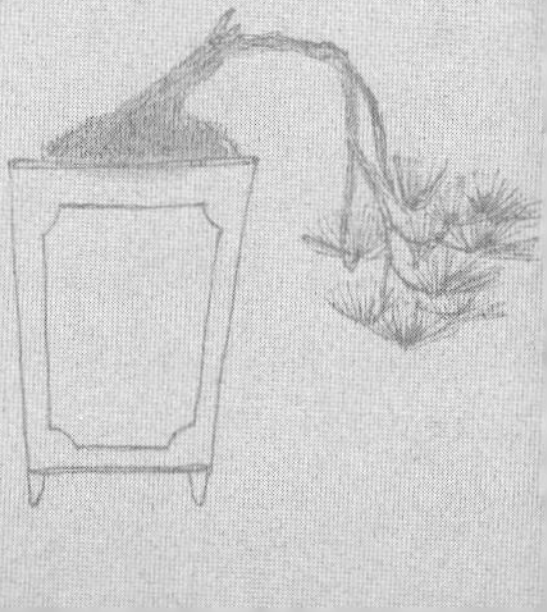

❖――盆栽愛好の広がり

近代に伝統文化と称される文化を語る上では、茶の湯が取り上げられる場合が多い。これは明治中期から昭和戦前期にかけて、「近代数寄者《きんだいすきしゃ》」と呼ばれる茶人たちが華々しく活躍していたことによる。彼らの多くは会社の経営者といった財界人であり、それまで大名家の家宝であった有名な茶道具を高値で買い集め、茶会に飾って楽しんでいた。特に三井財閥を中心に、茶の湯が財界の社交術として流行していたのである。

そして実は同時期、盆栽界にも多くの政界人・財界人の愛好家がいた。この時代相を物語る、島内登志衛『大正名人録』（黒潮社）という本がある。大正七年（一九一八）の刊行で、そのタイトルの通り、さまざまな分野における、当時の名人の名前を掲載した本だ。その「盆栽」の項目を見ると、盆栽園のみならず、当時有名だった愛好家の名前も一緒に並んでいる。その主だった盆栽愛好家の名前を見てよう。

筆頭に挙がっているのは、皇室に連なる伏見宮家《ふしみのみやけ》である。またその他にも華族が多く、その顔触れは以下の通り。

伊東巳代治《いとうみよじ》（子爵）、岩崎小弥太《いわさきこやた》（男爵）、大谷光瑩《おおたにこうえい》（伯爵）、小笠原長幹《おがさわらながよし》（伯爵）、加藤泰秋《かとうやすあき》（子爵）、郷誠之助《ごうせいのすけ》（男爵）、鴻池善右衛門《こうのいけぜんえもん》（幸方《ゆきかた》、男爵）、西園寺公望《さいおんじきんもち》（侯爵）、住友吉左衛《きちざえ》

門《もん》（友純《ともいと》、男爵）、藤堂高紹《とうどうたかつぐ》（伯爵）、松平康民《まつだいらやすたみ》（子爵）、松平頼寿《よりなが》（伯爵）

西園寺のような首相クラスの大物をはじめ、旧大名家の華族や、財閥の当主の名前が並んでいる。この他にも、主だった財界人として、次の名前が挙がっている。

北川礼弼《きたがわれいひつ》、小林作太郎《こばやしさくたろう》、志賀直温《しがなおはる》、中野忠太郎《なかのちゅうたろう》、波多野承五郎《はたのしょうごろう》、益田孝《ますだたかし》、吉井友兄《よしいともえ》

そして盆栽園として挙がっているのは、次の顔触れである。

河合蔦蔵《かわいつたぞう》（香艸園）、木部米吉《きべよねきち》（苔香園）、蔵石光三郎《くらいしみつさぶろう》（薫風園）、斎藤金作《さいとうきんさく》（芳樹園）、清水《しみず》藤吉《とうきち》（清大園）、殿岡宇平《とのおかうへい》（金華園）、村上市助《むらかみいちすけ》（一樹園）、村田利右衛門《むらたりえもん》（香樹園）、野崎徳《のざきとく》太郎《たろう》（萬草園）、三木清七《みきせいしち》（三樹園）

彼らこそ、当代一流とされた盆栽園である。この他に変わった所では、日本画家の今尾景年《いまおけいねん》や、和菓子屋の岡埜栄泉《おかのえいせん》の名前が並んでいる。その豪華かつ多彩な顔ぶれに驚かされるが、このような近代の盆栽愛好の世界は、現在ではほとんど忘れ去られてしまっている。ではこうした愛好家

たちは、盆栽にどのように熱を入れていたのだろうか。

❖──皇室と盆栽

近代の盆栽を考える時に重要なのが、皇室との関わりである。

明治維新後、東京に移った明治天皇は、旧江戸城の西の丸御殿を皇居とした。しかし明治六年（一八七三）、この御殿が火事で焼けてしまう。その跡地に建てられたのが、「明治宮殿」である。竣工は明治二十一年、外観は和風でありながら、内側はシャンデリアや絨毯で飾られるという、和洋折衷の建物である。その内部は天井の高い広大な空間で、さまざまな美術品、工芸品を用いて、壮麗に飾りつけられていた。当時の装飾用の壺などは、高さが一メートルを超えるような大型のものも少なくない。そうした調度品と合わせるのに、当初は生け花が使われたらしいが、これが盆栽に変わっていったのである。生け花では日々、生け替えなければならないという手間の問題もあるが、それ以上に、明治宮殿の広大な空間には、より大きな草木、すなわち盆栽が良いと判断されたためだろう。苔香園《たいこうえん》や清大園《せいだいえん》など、東京の大手盆栽園が出入りとなっている。

この明治宮殿が竣工する前にも、明治天皇と盆栽の関わりを物語る逸話があった。明治六年の十月、天皇の側近である太政大臣の三条実美《さんじょうさねとみ》が病気で倒れた。このお見舞いのため、明治天皇は自ら三条邸に行幸するとともに、後日に盆松を下賜したのである。この盆松を運んだ遣使は侍従長の東久世《ひがしくぜ》通禧《みちとみ》。三条とは幕末から攘夷派として行動を共にし、会津藩に追われては長州・大宰府（福岡県太宰府市）まで苦楽を共にした盟友である（いわゆる「七卿落ち」）。この盆松は五尺（1・65m）で一株五幹だったというので、人の背丈ほどもある、かなりの大きなものである。また明治天皇は、明治十年五月には、病床の木戸孝允（桂小五郎）を見舞っており、この時にも盆栽三鉢を下賜している。

縁側に2点の盆栽が置かれているのが見える
（北蓮蔵「岩倉邸行幸」 聖徳記念絵画館）

　なおもう一点、明治神宮外苑の「聖徳記念絵画館」にも、昭和十六年に病床の右大臣・岩倉具視《いわくらともみ》を見舞っている様子を描いた油絵が展示されている。この図にも、明治天皇を迎えるために嗣子の夫人の助けを借りて身を起こす岩倉の横、縁側に二点の盆栽が描かれている。ただしこの盆栽は、明治天皇ではなく、宮家から下賜されたものであったという。

　こうした明治天皇の盆栽は、江戸城にあったものの一部を引き継いだと思われるが、それだけではない。『日本園芸会雑誌』の記事には、明治三十年に京都御苑に赴いた明治天皇が、御苑のカエデを手ずから盆栽にして東京に持ち帰ったという逸話もある。また江戸時代の将軍家と同様、明治天皇の下にはしばしば珍しい植物が献上されており、自然と皇居の盆栽は増えていったのである。

　大正天皇には、軍艦に盆栽をのせたという、にわかには信じられない逸話がある。明治四十年十月、大正天皇が皇太子であった時分、朝鮮王朝あらため、当時の大韓帝国へと行啓した。同年の七月には、大韓帝国がオランダのハーグの万国平和会議へ密使を送るものの認められず、逆に日本は高宗（光武皇帝《こうぶこうてい》）を退位させ、第三次日韓協約により大韓帝国への影響力を強化している。このギスギスとした日韓関係を良好にしたいと考えた韓国統監の伊藤博文は、日本の皇太子による韓国への表慶訪問を計画した。明治天皇は承認をしぶったものの、有栖川宮威仁《ありすがわのみやたけひと》親王が同行することを条件にこれを許し、六日間の韓国訪問が実現したのである。その帰国途中の様子を、当時の『大阪時事新報』はこう伝える。

盆栽を御愛玩

（中略）尚お拝聞する所に拠れば殿下には近来盆栽を好ませ給い、本日御破格にも市民池田彦作献上の盆栽を御嘉納あらせられたり。殿下の御座乗艦内には数百種の盆栽を御備附ありて日夕御愛玩あらせられつつあり、殊に韓国よりの御帰途なれば盆栽中には棕櫚《しゅろ》、蘇鉄《そてつ》など多しと

ぞ。　　　　　　　　　　　　　　　　　　（明治四十年十月二十四日）

皇太子の御座乗艦といえば戦艦「香取《かとり》」、大正十年の皇太子（昭和天皇）欧州訪問の際にも、御座乗艦として用いられた艦である。その艦内に、盆栽がならんでいたというのである。大正天皇は病床にあっても盆栽を御慰みにされていたといい、大正天皇崩御の後、御愛樹が多摩御陵に移植されたことも伝えられている。

また大正天皇のお妃である貞明皇后《ていめいこうごう》は、新年に皇居に飾り付けられる春飾りの寄せ植え盆栽を好んだ。これは有田焼の鉢に紅白のウメを一対、それに日の出蕪（アカカブ）をはじめ、フキノトウ、フクジュソウ、ナンテン、シュンランを植え、那智黒の玉石を敷きつめたというものだ。さらにお二人の皇子である秩父宮雍仁《ちちぶのみややすひと》と高松宮宣仁《たかまつのみやのぶひと》（共に昭和天皇の弟）も、盆栽を好んでいる。こう見ると、大正天皇はご家族で盆栽を愛好されていたことになる。現在でも、皇居には盆栽を管理する「大道庭園《おおみち》」があり、貞明皇后が愛好された春飾りも作られている。

もう一点、皇室と盆栽に関しては、先述の伏見宮家を忘れてはならない。伏見宮家は室町時代に創設された古い宮家であり、皇室との関わりは非常に深い。明治期の当主であった伏見宮貞愛《さだなる》は、陸軍元帥にまで昇った皇族軍人である。先の『大正名人録』で筆頭にあがっていたように、貞愛はかなりの盆栽好きで、現在はホテルニューオータニとなっている邸宅に、相当な数の盆栽を並べていたらしい。第一章で見たように、『山科家礼記』にも、伏見宮家から盆山を預かったという記録があるので、あるいはその頃から続いている趣味なのかもしれない。明治二十八年には、日清戦争に際して貞愛は台湾に進駐しており、この時に台湾のカエデを持ち帰って育てている。これが現在でも愛好されている「ミヤサマカエデ（宮様楓）」だ。この名称は、伏見宮の逝去した大正十二年に、雑誌『盆栽』のアンケートで命名されたものである。

明治時代は、皇室が新時代の文化をリードした時代であった。たとえば江戸時代には一般的ではなかった牛肉の食用も、明治天皇が率先して食べることで、国民に広まったものである。また現在全国各地で行われている神前婚も、大正天皇と貞明皇后が宮中三殿で行ったものが原型となっている。こうして見ると、盆栽を収集し豪邸に飾りつける習慣も、皇室が手本になっている部分があるようだ。

❖――岩崎家の盆栽

では続いて、政界・財界の盆栽愛好について見ていきたい。明治三十五年の『国民新聞』には、次のような記事が掲載された。

盆栽類は今や流行の頂に達しているが、誰が一番多く良い物を有《も》つかと云うと、第一には岩崎男、第二に大隈（重信）伯、第三に伊東巳代治男、第四に中橋の喜谷市郎右衛門（中略）更に盆栽が何《ど》の程度までに愛玩せられつつあるかと云うと、銀座通りに六十人の盆栽家があると云うので其の一般を推知すべし。

（明治三十五年八月二十四日）

この面々が、当時の東京における、盆栽愛好の横綱・大関といって良いかと思う。

まず最初に名前があがっている、岩崎家から見ていこう。三菱財閥の岩崎家といえば、岩崎弥《や》太郎《たろう》が一代で築いた新興財閥である。海運業を母体として事業を拡大し、明治中期には日本を代表する商家の一つとなっていた。この弥太郎の弟が岩崎弥之助《やのすけ》、三菱財閥の二代目総帥である。古書と美術品の収集家として知られ、世田谷の別邸に私設図書館「静嘉堂文庫《せいかどうぶんこ》」を作っている。そしてかつてはこの古書と美術品に並び、関東屈指の盆栽と水石のコレクションがあったのである。盆栽は明治初期の愛好家である風間金八《かざまきんぱち》の旧蔵品を、水石は煎茶家の太田蘭畹《おおたらんえん》の旧蔵品を手に入れており、これらを基にコレクションを拡大させていった。

この岩崎家の所蔵する盆栽は、しばしば盆栽会に出品されて名声を博していたが、そのコレクションの全容は、外部には知られていなかった。ある時、酒井伯爵と牧野子爵の二人が、この岩崎家の盆栽棚をのぞきに行こうと思い立った。それも正攻法でお願いするのは面白くないからと、出入りの盆栽園の主人から印袢纏《しるしばんてん》と股引を借り、植木屋に扮して岩崎家にもぐりこんだのである。岩崎家の屋敷と言えば、都内だけでも茅町《かやちょう》本邸（現・旧岩崎邸庭園）をはじめ、高輪《たかなわ》本邸（現・開東閣）、麻布別邸（現・国際文化会館）、世田谷別邸（現・静嘉堂文庫美術館）、深川別邸（現・清澄《きよすみ》庭園）、駒込《こまごめ》別邸（現・六義園《りくぎえん》）と残っている。しかし隠居前の弥之助が暮らした当時の本邸は駿河台、現在のJR御茶ノ水駅の近くにあった。その庭に植木屋に扮して潜入した二人であったが、いざ盆栽を前にすると、木と鉢の品評をはじめてしまった。その姿をいぶかしんだ女中から話が伝わり、主人の弥之助に見つかってしまう。酒井と牧野は自邸から服を取り寄せて姿を改め、弥之助の用意した饗応を受けることになったということである。ちょっと真偽を疑ってしまうが、岩崎家ならではの逸話である。

この弥之助の盆栽は、息子の小弥太《こやた》へと受け継がれる。三菱財閥の四代目総帥となった小弥太もまた、盆栽を愛好した人物だ。この小弥太が所持した盆栽として有名なのが、大宮盆栽美術館のイワシデ（チョウセンソロ）である。朝鮮半島で採取されたものであり、後述する北川礼弼《きたがわれいひつ》が見事な南蛮鉢を合わせていた。これを入手した小弥太が、盆栽会に出品した時の写真も残っている。木そのものは現在とあまり姿は変わっていないのだが、正面は現在とは反対であり、また根元には石が付けられていた。

しかしこの岩崎家の盆栽コレクションは、小弥太の没後に売り立てられ、散逸してしまった。この盆栽と対照的なのが、岩崎家の収集した優れた美術品である。戦後に静嘉堂文庫へと移管さ

岩崎小弥太が所持していたイワシデの盆栽（大宮盆栽美術館）

れ、現在でも岩崎家の栄華を伝えている。このように、盆栽と美術品では、大きく明暗が分かれた形となっている。

❖――大隈重信と伊東巳代治

さて、先の『国民新聞』の記事で二番と三番に名前が挙がっていたのが、大隈重信と伊東巳代治であるが、この二人には妙な因縁がある。

早稲田大学の設立者としてあまりにも有名な大隈も、明治期の盆栽界では東京屈指の愛好家として知られていた。早稲田大学のキャンパスの一角には、大隈重信邸の一部が「大隈庭園」として残されている。これは前章で見たように、大阪から来た佐崎可村《ささきかそん》が作った庭である。現在、かつての邸宅は残っていな

大隈邸の盆栽。右奥の棚にも盆栽が並んでいる
（早稲田大学大学史資料センター）

いが、当時の様子を記録した写真が残されている。これを見ると、庭には棚が並び、その上を盆栽が所狭しと並んでいる。また一枚の写真では、庭に据えられた大きな石の上に、驚くほどに大ぶりな石付き盆栽が載せられている。当時の盆栽は今からすると小ぶりなものが多かったが、大隈は大型の盆栽を好んでいたそうだ。

対して伊東巳代治は、農商務大臣や枢密院顧問官などを歴任した官僚である。伊藤博文の懐刀として大日本帝国憲法の制定などに携わり、生前から「憲法の番人」というあだ名があった。盆栽に関しては自ら手を入れ、自筆で詳細な記録を残すという、実践的な愛好家である。伊東は特にザクロを好んだといい、明治十七年に朝鮮で起こったクーデター（甲申政変）に対処した天津条約《てんしんじょうやく》締結の際に、中国から持ち帰ったザクロを懸崖に仕立てたものが有名であった。この他、ザクロだけで二百鉢、マツ類などを加え総計で千鉢ほどの盆栽を持っていたと伝えられる。

この大隈と伊東の二人であるが、大隈は伊藤博文とライバル関係にあり、その部下である伊東とも相当に仲が悪かったらしい。そんな二人であるが、盆栽の話題においては意気投合したという。明治三十四年の五月五日、皇孫裕仁《ひろひと》親王（昭和天皇）ご誕生の饗宴が、明治宮殿の豊明殿《ほうめいでん》で催された。この時、大隈と伊東が仲良く話をしているのを見て、陸軍元帥の大山巌《おおやまいわお》が非常に驚いてこう言った。

政治上に於て両君の反対は数年間之を知る、盆栽談に至りては同好の知友たるべし

おそらく盆栽の話をしていたのだろう、いつもは険悪な仲の二人を、盆栽の趣味が氷解させたとして、盆栽界では長く語り継がれることとなる。

伊東の盆栽として名高かったのが、前章でも述べた徳川家光ゆかりのゴヨウマツ「三代将軍」（口絵1参照）である。伊藤伊兵衛の家から出た盆栽を、明治期に手に入れたのが、伊東であった。この他にも伊東は、徳川家ゆかりのウメとフジの盆栽を持っており、伊東の没後に三鉢あわせて皇室に献上されたのである。

また大宮盆栽美術館には、大隈重信が所蔵していたと伝えられる、大型のクロマツがある。確

かな証拠は確認できていないが、大きな盆栽を好んだという大隈の趣味と合致したものである。

❖――西園寺公望と住友友純

盆栽愛好の世界で独自の存在感を持っていたのが、西園寺公望《さいおんじきんもち》であった。伊藤博文の後継者として立憲政友会の総裁となり、第十二代、十四代内閣総理大臣を歴任、昭和期まで政界に君臨した「最後の元勲《げんくん》」である。西園寺の盆栽愛好については、自伝『陶庵随筆《とうあんずいひつ》』の中で自らこう述べている。

私は盆栽を愛好しており、草木竹石を絵画として見ている。このため盆栽を「栽画」と呼んでいる。自分で盆栽を造るが、これを「栽える」というのではなく、「画く《えが》」と呼んでいる。訪ねてきた友人が傍観しているのにも気付かないでいると、あきれられて「人間はこれほどに趣味にのめり込むことができるのか」と言われたものである。

余盆栽を愛し、画として草木竹石を視るの説あり。盆栽を名づけて栽画と云う。一日自ら盆栽を造りこれを栽ゆると云うべきを、これを画くというや。一友人傍観せるもの覚えず、絶倒して曰く、人情の愚一にここに至るか。

原文は元公家らしいかたい文章だが、西園寺は自分が盆栽に手を入れるのは、絵を描くのと同じ気持ちだと言っている。しかも一度手入れを始めると、周囲が目に入らなくなるほど集中してしまうため、来客が来ても気づかないこともあったらしい。

そんな西園寺が、明治二十八年三月に、住友財閥の住友友純《すみともともいと》に、次のような手紙を送っている。

拝啓（中略）いつもご面倒をおかけして実に申し訳ないのですが、以前にも送っていただいた天神川《てんじんがわ》の砂をまた送っていただけませんか。以前に送っていただいたものの内、一番小さなものを三斗と、一番大きなものを五斗、これらは盆栽のために必要なので、どうかお願いいたします。

拝啓（中略）毎々御面働之義実以申兼候得共、嘗て御送致被下候天神川の砂猶又御送り被下度候。最小品（曾テ御送り相成候内にて）、最大の品（仝上）、小の分三斗ほど、大の分五升ほど右盆栽の為メ必要ニ付伏奉懇願候。

この手紙で西園寺は、盆栽に使うから天神川（現・兵庫県宝塚市、同伊丹市）の砂を送ってほしいとお願いしている。なんで西園寺が住友にと思われるかもしれないが、西園寺と住友友純は実の兄弟という間柄である。二人は共に、公家の名門・徳大寺家の生まれであり、次男であった公望が西園寺家に養子に入り、六男であった友純が住友家に入婿しているのである。関東と関西に分かれた兄弟が、盆栽を介してやりとりをしていると思えば、実に微笑ましい手紙である。

また七月にも次のような手紙を送っている。

植木鉢を数品お贈りいただき、この上なく感謝しております。「梨皮《りひ》」はとても良い品でした、これは友人の小島氏にお分けしたところ、とても喜ばれました。「宋窯《そうよう》」の方も絶品です。これともう一つは、私の愛品にしました、篤く御礼申し上げます。

植木鉢数品御恵与千謝至ニ候。梨皮ハ至極宜布品の由、是ハ友人小島氏ニ割愛候処非常悦ニ候。宋窯は是又絶品也。是と今一ツは小生の愛品にいたし候。篤御礼申候。

これによると友純は、西園寺に盆栽用の鉢を何点か送ったようだ。梨皮というのは、中国宜興《ぎこう》(江蘇省宜興市)の鉢の一種で、梨の皮のように表面に細かな皺の入った陶器のことである。西園寺が手元に置いた鉢も、中国宋時代のものだというので、立派なものだったのだろう。

そして前年の十一月には、こんな手紙も出している。

拝啓　お手紙と二種類の砂が入った箱を受け取りました。実にご面倒な事をお願いしたのに、速かにお送りいただき、大変感謝しております。二つの砂は、もちろん（盆栽に）使えるものです。特に本場の佳品なので、こちら（関東）の偽物とはまったく別物です。本当に有難うございました。実は私は、こうした砂にいろんな種類や大小の区別があることを知りませんでした。これまで使っていたのは、お送りいただいた内の小の方です。また大の方もとても良いものです。

拝啓　貴翰幷に砂一箱二種在中正落手仕候。実以御面働なる事相願候処、速ニ御送付鳴謝至御座候。二品共無論用ニ供するニたる。殊ニ本場之佳品にて此地ニある処の偽物とハ遥ニ別なり。呉々も篤く御礼申入候。実ハ小生ハ此砂ニ種々大小細粗有る事をしらず。是迄手ニかけ候品ハ御送り中の小の分也。而大亦最妙なり。

この手紙で西園寺は、関西を「本場」とし、東京で用いられている盆栽用の砂を「偽物」と呼んでいる。西園寺自身が京都出身である点にも留意するべきであるが、明治中期の東京では、まだまだ盆栽の本場は関西であるという意識があったことを物語っている。

また、友純の方には、盆栽を茶会に飾って楽しんだという記録がある。明治三十五年、京阪の財界人茶人十八人が集まり、「浪花風流《なにわふうりゅう》 十八会《じゅうはちかい》」が結成された。これは抹茶と煎茶をまたいだ集まりであり、中でも友純は煎茶の代表的な茶人として知られていた。盆栽と煎茶の両方を愛好していた友純は、当然ながら煎茶会において盆栽も飾っている。

そのような友純が、煎茶から抹茶に転向したのは、大正七年前後のこととされる。当時の煎茶が、かつての抹茶のように、権威主義的傾向を強めていたことを嫌ったためだという。大正七年一月二十四日に大阪の住友家本邸（現・大阪市立美術館）で催された茶事では、本席の床に狩野探幽の三幅対を掛け、違い棚に蒔絵の料紙文庫と、堆黒《ついこく》の倶利《ぐり》盆《ぼん》に載せられた画巻を飾り、これと一緒に「紅梅盆栽」を飾っている。正客は「家長様」こと住友友純、「御相伴」には住友財閥を取り仕切る総理事の伊庭貞剛《いばていごう》と他二名の名前が並び、「主人役」として出入りの古美術商である戸田商店の戸田弥七の名前がある。言ってみれば全て住友財閥の身内であり、これは内輪の茶会である。

同十年五月一日には、同じく住友家本邸の茶席において、西本願寺連枝の大谷尊由《おおたにそんゆ》、藤田財閥の二代目総帥の藤田平太郎《ふじたへいたろう》や野村財閥の野村徳七《のむらとくしち》など、京阪の名だたる名士たちを招いた盛大な茶席が催されており、ここでも寄付《よりつき》に盆栽を飾っている。寄付とは、本席に入る前に客が集まるための小座敷であるが、床の間に円山派の画家・森一鳳《もりいっぽう》の「晩春残花之図」を掛け、違い棚の上に南画家・滝和亭《たきかてい》の画帖を飾り、その下に樹種は不明であるが盆栽を飾っているのである。このように、本格的な抹茶の席に盆栽が飾られるのは、極めて珍しい。友純は、鷹揚な態度で、茶の湯の世界の慣例を無視しているのである。

この西園寺・友純という二人は、公家出身の大政治家と財閥の当主という、最高位の教養層である。盆栽が、一部で思われているような新興成金の趣味にとどまらず、古い血筋の上流階級からも親しまれていたことを示している。

❖――大谷光瑩と河合萬蔵

さて、前章では盆栽が関西から関東に伝わったと述べた。その後、次第に関東に押されるようになっていくが、関西にもまだまだ多くの愛好家がいた。特に京都における盆栽の大旦那が、東本願寺の大谷光瑩《おおたにこうえい》である。「現如《げんにょ》」の法名で知られ、若き日には政府の要請で北海道開拓事業に務め、法主を継いでからは本願寺教団の近代化に務めた名僧である。

明治四十一年、光瑩は法主を息子の大谷光演《こうえん》（句仏《くぶつ》）に譲ると、東京の麹町《こうじまち》霞ヶ関に移り、盆栽に親しむ日々を送るようになる。盆栽の趣味は京都時代からで、百五十鉢ほどの盆栽を東京へ移し、自ら針金や鋏を用いて手入れをしていたという。毎年五月には霞ヶ関の隠居所で、ザクロの盆栽の鑑賞会を開くのが恒例であった。

大正十二年に光瑩が死去すると、昭和二年にその盆栽の売り立てが京都で開催された。会場は東本願寺の持つ名園「枳殻邸《きこくてい》（渉成園《しょうせいえん》）」で、東京の盆栽園もこぞって参加している。しかし熱心な本願寺の門徒が入札相手であったために、まったく落札できなかったらしい。しかも門徒が落札した盆栽は、そのまま東本願寺に置かれたそうである。つまり盆栽の代金は、御布施として収められた形である。

この大谷家の出入りであったのが、「香艸園《こうそうえん》」の河合蔦蔵《かわいつたぞう》である。光瑩について東京で盆栽の世話をしていたが、没後は京都に戻り、光瑩の跡を継いだ光演の下で、東本願寺の盆栽の管理にあたっていた。

この河合は盆栽の鉢作りに熱を入れ、昭和十三年頃に「拈陶会《ねんとうかい》」という集まりを立ち上げている。京都は五条坂の清水焼を中心に陶芸が盛んな土地であり、陶器を焼く窯場には事欠かなかっただろう。蔦蔵も自ら好みの鉢を作るとともに、参加者へ指導をしている。この拈陶会に参加していた一人に、水野喜三郎がいる。後年に東福寺の近くで鉢作りにはげみ、「平安東福寺《へいあんとうふくじ》」の号で知られた人物だ。これ以降も、五代清風与平《せいふうよへい》や平安香山《へいあんこうざん》など、近代の盆栽鉢の名手とされる人物が、京都から登場してくる。いってみればこの河合が、京都における鉢生産の火付け役となったのである。

❖――慶應義塾と小天地会

近代の盆栽愛好の深化を物語るのが、「小天地会《しょうてんちかい》」の盆栽飾りである。小天地会は、政財界人を中心とした盆栽および水石の陳列会で、月に一度、芝の紅葉館《こうようかん》（現在の東京タワーの敷地にあった高級料亭）に集まり、盆栽の飾り付けを品評し、その後に宴席を楽しむという集まりである。同会の中心人物としては、波多野承五郎《はたのしょうごろう》（古渓）と、千代田生命副社長の北川礼弼《きたがわれいひつ》（南蛮）の名前がならぶ。波多野は『時事新報』の記者をしていたという文筆家で、後には財界に入り、朝野新聞の社長や三井銀行理事などを務めている。日露戦争に日本が勝った時には、花車に乗せたクロマツの盆栽を芸妓に引かせ、このパフォーマンスで有名となった。そしてこのクロマツは「勝鬨《かちどき》の松」と名付けられており、盆栽の銘としては初期のものとなる。北川も『都新聞』や『朝野新聞』、『時事新報』の記者を経て財界に入り、千代田生命保険の創立に関わった人物である。こちらは「南蛮」と呼ばれる素焼きの鉢を愛好し、「南蛮王」というあだ名で知られていた。

また小天地会には、盆栽を持たずに鑑賞目的で参加する会友の制度があり、後に首相となる犬養毅《いぬかいつよし》や日本郵船副社長の加藤正義《かとうまさよし》、近代茶会の記録者として知られる高橋義雄《たかはしよしお》（箒庵《そうあん》）といった名前が並んでいる。この小天地会は、福沢諭吉が創設した社交クラブ「交詢社《こうじゅんしゃ》」を母体としていたため、会員の多くは慶應義塾の卒業生であった。さらに小天地会の会員たちは、例会の他にも盆栽の陳列会を催しており、その会場には星岡茶寮《ほしがおかさりょう》や日本橋倶楽部といった著名な会場が用いられた。そしてその特徴は、盆栽・水石を古美術品と取り合わせ、審美的に飾り付けることを競い合う点にあったのである。

大正五年三月に開催された「盆栽供養会」の様子を、雑誌『盆栽雅報』の記事から見てみよう。

発起人の波多野は会場に日本橋倶楽部を確保すると、三つの座敷を北川礼弼、岡埜栄泉、岡田平太郎の三名に割り当てた。北川は供養会という趣向に合わせ、次の間ではシャムの仏像を壁に掛け、その前に香炉を置いて献香している。本席の床には江戸時代末期から明治時代に活躍した日本画家・森寛斎《もりかんさい》の「骸骨踊」の軸をかけ、寒菊、荷葉を彫った盆に、備前焼の香立で線香を焚いた。床の間にも松の盆栽が飾られたが、これは添え物である。さらに床の間の脇には、達磨《だるま》の置き物と小品盆栽、下段には仏手柑《ぶしゆかん》や石榴《ざくろ》などを盛った鉢を飾っている。では肝心の盆栽はどこかというと、畳の上に白屏風を立て、その前に並べるのである。この日の盆栽の変わったものでは、古瓦を鉢にして石仏を据え、これを埋めるようにノボケ（野木瓜）や雑草を生やしたものが出されている。敷板には、東大寺の古経箱の鏡板を用いたという。

岡埜栄泉は、今も続く和菓子屋の店主である。床の間には江戸時代前期に中国の明から渡来した黄檗僧、木庵性瑫《もくあんしようとう》の「花枝有長短」の軸を掛け、やはり堆朱《ついしゆ》の盆に瑠璃《るり》釉《ゆう》の香炉を置いて献香をする。こちらは金屏風を立てて、枝垂れのヤナギと石付のゴヨウマツ、それに南画家の画帖を飾っている。また和菓子屋らしく、自家製の菓子と番茶の饗応があった。岡田平太郎は宮内省式部官で、有栖川宮家《ありすがわのみやけ》の家令を務めた人物である。やはり床に木庵の「庭前栢樹子」の一行を掛け、経机に信楽焼の香炉を置き、脇床には経筒でカシワの芽とボタンを生け、他に煎茶道具を飾っている。

続いて高橋義雄の日記『萬象録《ばんしょうろく》』から、大正九年十一月二十日の例会の様子を見てみたい。会場は紅葉館で、主催者は武智直道《たけちなおみち》、台湾製糖株式会社の社長を務めた製糖業の先駆者であり、やはり慶應義塾の出身者である。この例会においては、北川礼弼が明治神宮の鎮座祭という主題を設定している。このため武智は、床の間に日本画家・渡辺省亭《わたなべせいてい》の朝日の軸を掛け、キクとキリを生け、皇室への敬意を示す床飾りをしている。さらに床脇には、古鈴と天鈿女命《あめのうずめのみこと》の陶人形、そしてサカキの盆栽を飾り、天の岩戸の神話を暗示した。またこの時、別の席を水石愛好の理論的主柱であった中鉢美明《ちゅうばちびめい》が担当しており、紅葉したカエデの盆栽に小さな鳥居と鳩の形をした水石を飾り、盆栽と水石の取り合わせで神社の境内を表現している。

このように小天地会の陳列会は、工夫を凝らした趣向に、高度な古美術収集を組み合わせている点を特長としていた。盆栽愛好の世界に、財界人の間で流行っていた美術品収集が取り入れられたわけである。その手本となったのは、近代財界人たちの茶会だろう。この小天地会において、近代の盆栽飾りは一つのピークを迎えたといえる。

❖——益田孝、中野忠太郎、郷誠之助、根津嘉一郎

他にも盆栽愛好家の逸話はいろいろある。

先の『大正名人録』には、三井物産の創業者である益田《ますだ》孝《たかし》の名前が登場していた。「鈍翁《どんおう》」の

号で知られる益田は、三井財閥を中心に東京の財界人の間で茶の湯を流行させた、近代茶道史上の最重要人物として知られている。現在は五島美術館の所蔵品として有名な「源氏物語絵巻」など、膨大な美術品を収集していたコレクターでもある。この益田が盆栽を愛好したという話は、益田の記録には登場しないのでいぶかしく思っていたが、小天地会の波多野承五郎が記録を残してくれていた。

例えば欅《けやき》の盆栽を造る事は日本橋辺の或《ある》呉服商が今から三四十年前に行《や》り始めたので、人口稠密《ちゅうみつ》なる市街地の物干の上でやったのだ。此欅は僅《わずか》に五六寸の高さであって然《しか》も喬木《きょうぼく》雲を凌《しの》がん許《ばか》りの姿勢があった。当時天下一品と称せられて好事者間の垂涎措く能わざる所であった。此盆樹は故あって十数年前益田孝の手に帰したが、一昨年の震火災で焼けたそうだ。

（『古渓随筆』）

少なくとも、益田が当時有名であったケヤキの盆栽を持っていたことは確認できる。五六寸というと二十センチメートル未満、そのような小さな木でありながら、喬木（高木）のような勢いを見せていたというので、まさしく自然の縮小の美の世界である。それまで筆者は、茶の湯と盆栽の愛好家はほとんど重複しないと考えていたため、大茶人・鈍翁の盆栽愛好は、意外な発見であった。

益田と同様に、美術品と盆栽の両方の愛好家として名を残しているのが、中野忠太郎《なかのちゅうたろう》である。父の中野貫一《かんいち》は、新潟県における石油の採掘に成功した人物で、その跡を継いだ忠太郎も採掘の機械化を推し進め、新潟の「石油王」と呼ばれていた。大正期の中野は、日本屈指の美術品のコレクターとして名を馳せている。現在、その主だった収集品が散らばっているためあまり知られていないが、国宝が十二点、重要文化財が三十点も含まれていたので、もしそのコレクションがまとまって残されていたなら、日本有数の美術館となっていただろう。

雪国の新潟市にありながら、中野は盆栽の収集にも熱を入れていた。特に有名なのが、現在の盆栽界でも有数の名木として知られている、ゴヨウマツ「日暮し《ひぐら》」を所持したことである。昭和の盆栽写真帳には頻繁に登場する木で、近代盆栽史の生き証人というべき存在である。大小二つの幹が左右に並び、所有者が変わるごとに表と裏を作りかえられてきた。このことから、「名木に表裏なし」の格言が生まれることになる。この木を中野が所有していた折、一日見ていても見あきないという意味から「日暮し」と名付けられたとされる。

また大正期を代表する盆栽愛好家には、郷誠之助《ごうせいのすけ》がいる。小島直記による伝記小説『極道』（日本経済新聞出版社）が刊行されているが、東京株式取引所（現・東京証券取引所）の理事長として、大正期の財界に君臨した人物である。明治四十五年、郷の親友であった実業家の小泉《こいずみ》

ゴヨウマツ「日暮し」（大宮盆栽美術館）

策太郎《さくたろう》が衆議院に立候補する際、その資金準備のために所持する盆栽を大量に手放そうとした。この時に盆栽の大半を買い取ったのが、郷の盆栽趣味の始まりである。

　その郷家の出入りとなったのが、香樹園である。郷はいざ盆栽をはじめると熱が入り、「良いものを持ってこい」「もっと良いものはないか」と香樹園に発破をかけた。千代田区一番町にあった邸宅では、洋館の屋上に棚を作り、ここに盆栽をならべていた。鉢も中国の古物を熱心に収集し、「買ったからには使う。使うために買うんだ。使わないものを買って蔵《しま》って置くことはない」と惜しまずに使ったという。郷が特に好んだのがザクロとニシキマツ（錦松）である。中でも「青山の旭」と呼ばれたザクロの名品があり、青々とした葉の上に、赤い果実を実らせた様子から命名されたものらしい。

　この郷が盆栽の売り立てを行ったのが、昭和十年（一九三五）の暮であった。この時の郷の言葉が残っている。

一遍自分の盆栽を世評に問うて見よう。自分ばかり楽しんで居るより人にも楽しませよう。盆栽は生きた芸術品だ、入札して好きな人に分けよう、一つ一つは売らん、纏めて売るなら売る。

（『男爵郷誠之助君伝』）

実際には多忙のために、盆栽の世話ができなくなったことが売却の理由だったようだ。愛蔵のニシキマツは、中野忠太郎が一万八百円で購入している。売り立ては、全百三十八鉢で総額十二万八千円となった。当時の一円を約五千円として計算すると、約六億四千万円となるだろうか。

そしてこの郷誠之助の売り立てを契機に盆栽に入ったのが、根津嘉一郎《ねづかいちろう》であった。東武鉄道を立て直し、事業を拡大して、「鉄道王」と呼ばれた人物である。根津は茶人として有名であるが、茶の世界に入ったのが明治四十五年、奇しくも郷が盆栽を始めたのと同じ年であった。それから二十三年後、郷の売り立ての際には七十六歳を迎えていたので、晩年の趣味である。

根津の所持した盆栽としては、現在は大宮盆栽美術館が所蔵するカリンが有名である。これは根津が国風盆栽会に出品した時の写真が残っているが、現在に比べると随分とほっそりとしていた。このカリンの名木は、その後に第六十一代首相の佐藤栄作《さとうえいさく》に渡り、さらに佐藤の実兄である第五十六代首相の岸信介《きしのぶすけ》のものとなっている。

郷から根津、また根津から佐藤、岸へという盆栽の移動劇は、盆栽の運命を象徴している。盆栽は水やりや手入れが必要なため、茶道具や骨董と異なり蔵の中でずっとしまっておくというわけにはいかない。このため人から人へと渡っていき、有名人の旧蔵品として紹介される機会を持たなかったのである。この辺が、美術館や博物館に収まり、文化財として評価されていった美術作品と、大きく異なる部分である。

根津、佐藤、岸へと渡ったカリンの盆栽
（大宮盆栽美術館）

❖――松平頼寿と国風盆栽展

そして近代の盆栽愛好家として忘れてはならないのが、松平頼寿《まつだいらよりなが》である。旧高松藩主家の生まれで、華族として学習院に入るものの、大隈重信に私淑して東京専門学校（現・早稲田大学）

に転学したという、リベラルな気風の人物である。写真を見ると、大礼服の上に角刈の気さくそうな顔がのっているが、この風貌もあいまって、貴族院議員の中では庶民派として人気を集めていた。昭和十二年に第一次近衛《このえ》文麿《ふみまろ》内閣が組閣された時には、松平が貴族院議長に任命されている。それまで貴族院議長は、公爵か侯爵から選ばれるという慣例があったが、松平は一つ低い伯爵であった。この慣例を破って議長に任命されたのも、近衛が松平の人気を買っていたためである。

松平頼寿（松平公益会・香川県立ミュージアム）

高松松平家の本国である香川県は、畑でマツを育てて出荷するという、マツの名産地として知られている。同家が作ったのが大名庭園「栗林公《りつりんこう》園《えん》」（高松市）であり、工夫を重ねて仕立てられたマツの美観で知られている。そうした縁もあってか、松平も盆栽を趣味としていたが、それは手のひらサイズの小品盆栽であった。

昭和十二年に貴族院議長となった際には、『大阪毎日新聞香川版』にこんな記事が載ったという。


お殿さまは盆栽好き……盆栽の本場讃岐高松のお殿様議長だけに、松平頼寿伯夫妻はいま流行の豆盆栽趣味についてとくに造詣が深い。東京本郷の邸宅には、丹精をこらした豆盆栽八百余鉢があり、郷党の面々が上京すれば必ず邸宅へ招いて御夫婦自慢の盆だなを見せ、茶席を設けて歓待するという風流家でお殿様らしいところがある。（『松平頼壽伝』）

気取らない、松平の人柄が伝わってくる記事である。またこの盆栽に使う豆鉢の収集にも余念がなく、古道具屋を見付けると車を止め、掘り出し物を探していた。

この松平が重要な意味を持ってくるのは、「国風盆栽展《こくふうぼんさいてん》」との関わりである。昭和九年、雑誌『盆栽』を主宰していた小林憲雄《こばやしとしお》が中心となって、第一回国風盆栽展が開催された。この国風盆栽展は、当時の美術界で最高の権威であった「帝国美術院展覧会」（現・日展）と同じ、東京府美術館（現・東京都美術館）を会場とした盆栽の展覧会である。いわば盆栽が、絵画や彫刻と同等の権威を認められたという、盆栽界にとっての晴れ舞台であった。小林と国風盆栽展について

第一回国風盆栽展の松平夫妻（『第一回　国風盆栽展写真帳』）

は次章で取り上げるが、運営する国風盆栽会の発足にあたり、小林が会長として招いたのが松平だったのである。

会長を快諾した松平は、副会長には友人の酒井忠正《さかいただまさ》伯爵を招いている。酒井も旧姫路藩主という華族で、農商務大臣の経験もある名士である。さらに松平は、貴族院議員全員に自署の招待状を送るなど、盆栽展の認知をはかっていく。第一回国風盆栽展の写真帳には、小品盆栽を飾り付けた棚の前で記念撮影をする、松平夫妻が写っている。水戸徳川家出身の松平夫人も、夫と一緒になって小品盆栽を作っていた。

この国風盆栽展の運営は、戦後は日本盆栽協会へと移行するが、会長には吉田茂《よしだしげる》、岸信介、福田赳夫《ふくだたけお》といった、首相・大臣クラスの政治家の名前が続いていく。戦前から戦後にかけての価値観の断絶の中で、盆栽が政治家の嗜みとして残っていったわけである。これには、貴族院議長であった松平と、国風盆栽展の果たした役割が大きいだろう。

以上見てきたように、盆栽は皇室をはじめ、大隈や西園寺といった首相クラスの政治家の趣味として、また財界人の趣味として、戦前の名士の間で広まっていたのである。その趣味層の広がりは、茶の湯をはじめとする他の伝統文化を凌ぐ規模ですらあった。しかしこうした愛好家たちの没後、彼らの集めた盆栽は散らばっていってしまう。このため、戦前の盆栽愛好の歴史は忘れ去られてしまったのである。

楽茶碗と盆栽

国風盆栽会《こくふうぼんさいかい》の初代会長をつとめた松平頼《まつだいらより》寿《なが》は、旧高松藩主である。この高松の松平家と言えば、茶の湯の世界では武者小路千家《むしやのこうじせんけ》を召し抱えていた家として知られる。武者小路千家の六代・真伯宗守《しんぱくそうしゅ》の時、家宝であった利休伝来の赤楽茶碗「木守《きまもり》」が、高松松平家へと献上された。この後、武者小路千家では、代々襲名の時に、高松家よりこの茶碗を借り受けて用いることが習いとなっている。しかし本郷の松平邸にあった「木守」は、大正十二年（一九二三）に発生した関東大震災の時に被災してしまう。その破片を埋め込んだ茶

被災前の赤楽茶碗「木守」（『大正名器鑑』）

碗が樂家によって再生され、当代家元の襲名の際にも用いられた。このいわれのある名碗「木守」を持つ高松松平家の当主が、お茶ではなく盆栽に熱心であったというのは、茶道史の研究をしている筆者にとって、大きな衝撃であった。

しかしよく考えると、話はここに留まらない。この松平伯爵が国風盆栽会の副会長として誘ったのが、旧姫路藩主の酒井忠正《さかいただまさ》なのである。姫路の酒井家といえば、松平不昧《ふまい》に並ぶ大名茶人、酒井宗雅《そうが》を輩出した家であり、茶道具で言えば本阿弥光悦《ほんあみこうえつ》作の白楽茶碗「不二《ふじ》」と赤楽茶碗「雪峯《せっぽう》」を所持したことで有名だ。現在、長野県諏訪市のサンリツ服部美術館の所蔵品となっている「不二」は、数少ない国宝茶碗の一つである。この茶人大名の血を引く忠正の趣味も、小品盆栽だったというのである。忠正は相撲博物館初代館長を務めたという、相撲の愛好家であった。それを頼寿が盆栽に誘い、一廉《ひとかど》の盆栽愛好家へと仕立てたという経緯がある。

そして「木守」「不二」の二点に並ぶ楽焼の名碗といえば、樂長次郎の黒楽茶碗「大黒《おおぐろ》」が挙げられる。千利休の美意識を象徴する作品として美術全集に掲載されることの多い茶碗で、国の重要文化財の指定を受けている。千家の三代目・元伯宗旦《げんぱくそうたん》が手放したこの「大黒」は、江戸時代には大坂を代表する豪商・鴻池《こうのいけ》家に入っている。この鴻池家の明治時代の当主・鴻池幸方《ゆきかた》も、実は盆栽に通じる盆景作りを趣味としていたのである。

「木守」「不二」「大黒」と、楽茶碗を代表する名品を所持していた人物たちが、盆栽・盆景に熱中していた。これは筆者からすると、なぜお茶をやらないのかと不思議でならない。しかし明治維新以降、武家社会が崩壊した後は、儀礼としての茶の湯の権威は失墜していた。封建的な価値観は一度、リセットされたのである。こうして明治期には、自由な価値観の下で、競馬やゴルフなど、新しい趣味も育っていた。このように見ると、盆栽は茶の湯のような封建制度を引きずらない、近代的な趣味だったとさえいえるのである。

第五章

盆栽の器と飾り方

❖──盆栽の器

樹木とともに、盆栽の重要な要素となるのが、これを植える鉢である。また床の間に飾る際には、掛け軸や添え物との調和がもとめられる。しかしこれまで見てきたように、その根底となる美意識は、江戸時代から明治時代にかけて、大きな変化を見せているのである。本章では、盆栽の器と飾り方の歴史について見てみたい。

ではまず、盆栽を植える器について見ていこう。第一章で見たように、「春日権現験記絵巻」には、青磁の鉢に載せられた盆山が描かれていた（15ページ参照）。当時、日本の陶磁器の技術は未熟で、とてもこのような青磁は作れなかった。これらは全て、中国から輸入したものなのである。

昭和五十一年（一九七六）、韓国の新安沖の海底から中国の貿易船が発見され、引き上げられた。中には膨大な陶磁器が入っており、調査の結果、正治三年（一三二三）日付の東福寺宛の荷札が見つかり、この年に日本へ荷物を運ぶ途中で沈没したことがわかっている。この船は、東福寺など日本の大寺院が、当時こぞって中国から陶磁器などの工芸品を輸入していたことを物語っているのである。そしてこの陶磁器の中に、何点かの青磁の植木鉢が含まれていた。空色をした青磁で、中国の龍泉窯《りゅうせんよう》で焼かれたものだ。鎌倉時代には、こうした中国製の青磁の植木鉢が使われていたのである。

青磁の植木鉢（右・外形　左・内部　京都市埋蔵文化財研究所）

また京都市埋蔵文化研究所にも、京都市から発掘された青磁の植木鉢が収蔵されている。こちらは太鼓を真似た形をしていることから、「太鼓胴《たいこどう》」と呼ばれるもので、胴には牡丹が浮き彫りにされている、豪華なものだ。底の穴は後から開けられたものであり、本来は水指であったものを、植木鉢に転用したという例である。

実はこれと同じ形の水指が、蓋も付いた完品の水指として、岩崎家の静嘉堂文庫美術館に所蔵されている。これは江戸時代には大坂の豪商・鴻池《こうのいけ》家に伝来していたという名品で、現在は国の重用文化財に指定されている。この茶の湯の世界で名宝とされるような見事な水指に穴をあけて、植木鉢に転用していたのである。

もちろん、このような輸入品の鉢ばかりが使われていたわけではない、むしろごく一部の話である。大部分の植木鉢は、釉薬もかけない素焼きのものであった。西本願寺に伝わる十四世紀前半の絵巻物「慕帰絵詞《ぼきえことば》」には、青味がかった灰色をした、白い模様が入った鉢が登場している（6ページ参照）。一見すると朝鮮王朝時代の粉青沙器《ふんせいさき》にも見えるが、粉青沙器の登場は十四世紀の中頃であるため、時期的に少し早い。このため描かれているのは、「瓦器《がき》」と呼ばれる素焼きの一種と見られる。この他、「半胴甕《はんどうかめ》」と呼ばれる貯蔵用の甕が、底に穴のあけられた状態で発掘される例も多い。植木鉢は専用に作られるよりは、転用品が多かったのである。

そして第一章で見たように、室町時代には、「盆山」と呼ばれる石付き盆栽が登場してくる。これを飾る器は、「船」「石台」と呼ばれる木製の箱であった。盆山の流行とともに石台も変化していったようで、第一章で見た『蔭涼軒日録《いんりようけんにちろく》』には、「古銅松皮形盆」といった名称も見られる。松皮形というと、菱型を三つ重ねたもので、中国産の銅製水盤であったと思われる。さらに江戸時代の出光美術館所蔵「盆栽図屏風」（21ページ参照）には、漆器の石台も描かれている。井桁の形をしており、亀甲の意匠が金と銀で蒔絵されたものだ。

残念ながら、このような盆山用の豪華な水盤は、現代には伝わっていない。おそらく盆山が廃れると共に、失われていったのだろう。

❖――染付の鉢

植木鉢の中で、江戸時代に盛んに作られたのが、染付《そめつけ》（中国では「青花《せいか》」と呼ぶ）の鉢である。

染付は素焼きした素地の上にコバルト顔料で絵を描き、その上から透明釉をかけて焼き上げ、白地に青い発色の模様を入れる技法だ。天保元年（一八三〇）の栗原信充《くりはらのぶみつ》『金生樹譜別録《きんせいじゅふべつろく》』では、当時の鉢の図と名称が紹介されている。基本的な鉢として「あさがほ鉢」「白鍔《しろつば》」「黒鍔」などがあり、これに続き「伊万里《いまり》」「尾張《おわり》」の名前が並ぶ、これが日本製の染付磁器である。

瑠璃釉の鉢（19世紀　大宮盆栽美術館）

「伊万里」とは、佐賀県の有田焼のこと。朝鮮・中国から磁器製造の技術を取り入れ、いち速く国産磁器の生産に入った窯場である。第二章で見たように、磁器生産のはじまった十七世紀には、すでに特別注文の植木鉢が作られていたが、その生産は十八世紀に飛躍的に増大する。その背景には、江戸におけるアサガオやオモト、マツバランといった園芸植物の大流行があった。高価な植物を植えるのには、それに見合った鉢がもとめられたわけである。

「尾張」は愛知県の瀬戸焼のこと、十九世紀に入って有田の磁器の製造技術が伝わり、瀬戸でも植木鉢が大量に生産されるようになる。そして第二章の『井関隆子日記』にもあったように、この頃から「紺青色」の鉢が流

染付正方鉢「百香莽」（青香園）

行する。これは透明釉の中にコバルト顔料を大量にふくませた「瑠璃釉《るりゆう》」を使い、真っ青に発色させた磁器だ。さらに粘土を貼り付けて模様を浮き彫りにし、その模様を残して釉薬をかけることで、模様を白く浮かび上がらせている。

皇居には、尾張藩の御焼物師をつとめた名工である、三代川本治兵衛《かわもとじへい》（素僊堂《そせんどう》）による瑠璃釉の鉢が伝わっている。おそらくは将軍家への献上品として作られた豪華なもので、日本の染付鉢の頂点と言うべき作品である。

その一方で、中国製の植木鉢の輸入も続いていた。その状況を物語る重要な作品として、大宮盆栽村の清香園《せいこうえん》が所蔵する、「染付正方鉢《そめつけせいほうばち》」があげられる。後述する『美術盆栽図』（一八九二）においては、龍岡松平家が出品しているという、身元の確かなものである。

この鉢には、胴の正面に「百香莽《ひゃっこうあん》」という文字が入り、その裏には次のような銘文が書かれている。

書斎の前の庭にいろんな草花が百余種あり、その中で盆に植えたものは数十種を下らない。赤呉窯《ごよう》や紫など鮮やかな色をたたえ良い香りをはなっているので、「百香䔍」と名付けている、呉窯を真似て新しく花盆を十器新製した、これにお気に入りの花を植え、山房を飾るのに用いたい。

文化丁丑首秋　竹艸主人記

嘉慶二十四年　製

書室前数十畝雑栽花卉百余種、其中盆蓄者亦不下数十種、紅紫芬芳四時、無闇命曰百香䔍間、倣呉窯新製花盆十器、以養之是其花卉中所最愛者聊充山房之清供。

文化丁丑首秋　竹艸主人記

嘉慶二十四年　製

この銘文によると「文化丁丑」、文化十四年（一八一七）に園芸好きの「竹艸主人」という人物が、中国へ注文制作を依頼したものということになる。この銘文が出来て、中国の産地に注文書が届き、実際に制作されたのが嘉慶二十四年。こちらは中国の年号で、西暦では一八一九年を指す。つまり、長崎から船で中国へ注文し、実際に制作されるまで、一年以上の時間がかかったことになる。おそらく、日本に品物が届くのにも、同じくらいの時間がかかっただろう。気の長い注文であるが、そうまでして外国製品に執着していた、日本人の舶来品崇拝を物語っている。

江戸時代にはこのような染付鉢が流行しており、「蛸作り」の大型の松も植えられていたのである。

❖——泥物の名品

しかし染付の植木鉢は、明治以降には廃れていく。その代わりに盆栽界で人気を得ていったのが、朱泥や紫泥といった中国製の素焼きの鉢、いわゆる「泥物《でいもの》」である。中国江蘇省の宜興《ぎこう》市で焼かれたもので、明末から現代にいたるまで、中国における急須と植木鉢の主要な産地となっている。盆栽の萌芽となった煎茶会では、当初は「宜均《ぎきん》」や「交趾《こうち》」と呼ばれる、釉薬のかかった中国製の鉢の方が人気だったようだ。しかし明治期に入り、盆栽が独自の世界を形成していくと、次第に泥物の鉢が好まれるようになっていく。これは褐色の鉢の方が、松類の葉の緑色を引き立たせたからだろう。

この泥物の鉢の名品として、さいたま市大宮盆栽美術館の所蔵する、「朱泥菊鳥文長方鉢《しゆでいきくとりもんちようほうばち》」を挙げたい。これは三菱財閥の岩崎小弥太《いわさきこやた》から、旧秋田藩の佐竹義春《さたけよしはる》にゆずられたという来歴を持つ作品だ。次ページ上の写真は昭和初期のもので、ダイナミックにねじれたシンパクが植えられていた。「佐竹家のシンパク」として有名なものであったが、残念ながら枯れてしまい、鉢だけが所蔵者を変えて伝わっているのである。

さて、この鉢の特徴であるが、正面に菊と、枯れ枝に止まる鳥を、精巧に浮き彫りにしている点である。しかしそれ以上に見どころとなるのが、艶やかな土の肌である。宜興の紫泥の魅力は、視線を吸いつけるような、ねっとりとしたその肌の質感の美しさなのである。

そしてこの鉢には、底に「天香閣《てんこうかく》」という銘が彫られている。これは窯で焼く前に印で押されたものではなく、焼成後に削って彫られたものだ。「閣」というのは二階

昭和初期の朱泥菊鳥文長方鉢
（『日本盆栽大観』 国立国会図書館）

朱泥菊鳥文長方鉢（大宮盆栽美術館）

建て以上の建物のことなので、作者の名前ではなく、納められた建物の名前を示している。

盆栽界では、長らくこの「天香閣」について不明とされてきたが、日本ペンクラブの城塚朋和氏よりご教授を得た。実は天香閣とは、宜興の名士である路氏の、書斎の名前のことらしい。そして同じ「天香閣」の銘を持つ急須（中国では「茶壺」と呼ぶ）が、中国の南京博物院に一点のみ伝世していた。この急須は、宜興の歴代最高の名手である、時大彬《じだいひん》の作品である。盆栽美術館の鉢も、時大彬の活動時期と同じ頃、おそらくは明時代の末か、清朝のはじめくらいのものとなる。盆栽美術館の鉢は、ただちに時大彬とは言えないが、あるいは許龍文《きょりゅうぶん》といった、周辺の名工の造ったものだろう。

このような名家の旧蔵品が日本にもたらされたのは、おそらく清王朝が崩壊していく十九世紀後半のことである。すでに日本の政財界で盆栽愛好が熱を帯びており、日本の盆栽業者たちは中国で優れた鉢を買い集めていた。

同じく盆栽美術館の所蔵する、「白泥銅器文正方鉢《はくでいどうきもんせいほうばち》」がある。こちらは白泥と呼ばれる、白味を帯びた肌をしており、四方に別の粘土を貼りつけて、中国の古代銅器をまねた文様を表している。このような陶器はあまり類例の見られないものであるから、第二次世界大戦後くらいの、新しい作品かとも思われていた。しかしこの鉢の写真が、昭和十年の伊東伯爵家の売り立て目録から見つかったのである。前章で取り上げた伊東巳代治《いとうみよじ》の旧蔵品となるので、おそらくは清朝末期の作品だろう。当時の中国では、このような鉢が日本向けの輸出品として制作されていたのである。

こうした盆栽の鉢には、「古渡《こと》」「新渡《しんと》」といった分類がある。江戸時代から明治時代にかけて輸入されたものが「古渡」、大正・昭和に輸入されたものが「新渡」となる。しかしこの言葉も、大本は茶道具に由来するものだ。早い例では嘉永七年（一八五四）の『陶器考』において、小堀遠州の代までに輸入されたものを「古渡《こわたり》」、それ以降のものを「新渡《しんわたり》」と分類している。小堀遠州は寛永時代（一六二四〜一六四四）の茶人であり、江戸初期までに輸入されたものでなければ茶道具では「古渡」とはならない。つまり盆栽界の「古渡」は、茶道具の「古渡」に比べて、かなり新しいものとなる。

茶道具などにおける中国陶磁器の常識が通用しないのが、この盆栽鉢の世界なのである。

白泥銅器文正方鉢（大宮盆栽美術館）

❖——近代の鉢

また日本でも、盆栽用の鉢が制作されるようになる。植木鉢の制作者として、特に近代美術の世界でも有名な作家に、竹本隼太《たけもとはやた》がいる。初代宮川香山《みやがわこうざん》、三代清風与平《せいふうよへい》と並び称される、明治時代を代表する名工である。陶磁器愛好家の間では、東京国立博物館で所蔵している、明治二十六年（一八九三）のシカゴ・コロンブス万国博覧会に出品された花瓶がよく知られている。

その名声に比して竹本の作品は極めて少ないのだが、盆栽界には竹本が作ったという鉢が伝わっている。そもそも、竹本家が陶磁器を焼くようになったのは、隼太の父、竹本要斎《ようさい》にさかのぼる。要斎は幕府の旗本で、文久二年（一八六二）に薩摩藩の大名行列を横切ったイギリス人が殺害された「生麦事件《なまむぎじけん》」の処理を成功させ、五千石という高禄を得ていた人物だ。この要斎が園芸好きで、明治維新後は自邸「含翠園《がんすいえん》」に窯を作り、鉢類を盛んに焼いていたらしい。隼太も鉢の制作に熱心であり、青磁釉や辰砂釉《しんしゃゆう》をかけた小鉢を作っていたのである。

また変わったところでは、小野義真《おのよしざね》の名前が挙げられる。土佐藩出身の官僚で、後に岩崎弥太郎にさそわれて三菱財閥の顧問となり、日本鉄道会社の発起人に抜擢された人物だ。東京と青森をつなぐ東北本線が岩手まで到達した際、小野と岩崎弥之助、それに鉄道庁長官である井上勝《いのうえまさる》の三人で創業したのが「小岩井農場《こいわい》」だ。「小岩井」の名前は、この三人の頭文字を並べたものなのである。この小野も、自邸に窯を作って作陶の趣味にふけっており、ロクロ目の美しい植木鉢を作っている。この小野の鉢も、盆栽界において珍重されている。

そして昭和に入ると、「平安東福寺《へいあんとうふくじ》」こと水野喜三郎が登場する。愛知県の櫛屋の生まれであったが、盆栽に熱を入れるあまりに、鉢専門の陶芸家になった人物だ。京都で河合蔦蔵《かわいつたぞう》の「拈陶《ねんとう》会《かい》」に参加した後、清水坂に近い東福寺の周辺に工房をかまえ、その一生を盆栽鉢の制作に打ち込むことになる。東福寺の鉢は、生前にはなかなか評価されなかったが、現在の盆栽界では一番の人気作家となっており、大きなものは百万円以上で取引されることもある。

こうした植木鉢は、独自の愛好世界を形成していく。早い例では、昭和八年（一九三三）に藤《ふじ》坂甲子太郎《さかきねたろう》（四渓《しけい》）が雑誌『盆栽』誌上で「珍鉢銘鑑《ちんばちめいかん》」の連載をはじめ、各地の愛好家の所蔵する名品を紹介している。こうした鉢の愛好家は、盆栽用の鉢だけではなく、蘭鉢や万年青《おもと》鉢、また石を飾る水盤など、総合的に収集するようになっていく。その名称も、中国では「花盆《かぼん》」、日本では「鉢」と呼ばれていたものが、次第に「盆器《ぼんき》」という言葉に代わられるようになる。

この「盆器」という言葉は、昭和五十八年の『盆栽大事典』（同朋舎）に確認できる。その後、昭和六十二年に日本盆栽協会が「貴重盆器」の登録制度を開始し、平成十年には毎日新聞社が『皇室の盆器』という写真集を刊行している。この間に、次第に定着していったようだ。

盆栽村の近くにある埼玉県立歴史と民俗の博物館では、盆栽鉢の展覧会がこれまでに二回開催されている。平成元年の展覧会は「樹盆—その歴史と美—」、そして平成十九年の開催の時は「日本の伝統　盆器の美」というタイトルであった。つまりこの間、約二十年をかけて、「盆器」という言葉がある程度の市民権を獲得したという時代相が読み取れる。

❖——盆栽の飾り

このように鉢が工夫されることで、樹木との調和が進んでいく。そして次に求められるのが、その飾り方である。現在、盆栽には座敷飾りの作法があり、割とやかましく良し悪しが品評されている。しかしこのような盆栽の飾り付けが、江戸時代からあったわけではない。実はかなり新しい文化なのである。

座敷飾りの歴史を繙《ひもと》く際に必ず用いられるのが、室町時代の足利将軍家、その座敷飾りを記録した『君台観左右帖記《くんだいかんそうちょうき》』である。例えばしばしば盆栽と関連付けられる盆石は、同書に「鉢石」として登場しており、室町時代から座敷の棚に飾られていた状況が明らかである。しかし水やりを必要とする盆栽は、同時期の絵巻物には庭園に描かれており、本来は縁側などから鑑賞されるものであった。第二章の大久保忠朝《おおくぼただとも》の御成の例でも見たように、江戸時代初期になっても、江戸城における盆山・鉢木の鑑賞には、他の美術品とは別の場所があてられていたのである。

江戸時代も後期になると、第三章で取り上げた煎茶会が登場し、盆栽が飾られるようになる。この煎茶席は、書画や花瓶、棚をはじめ、中国趣味の美術品で飾り付けられていた。盆栽も中国製の鉢に植えられ、そのまま置いたのでは水が床を汚してしまうため、中国風の卓に載せられて飾られている。

ただし煎茶の道具というのは、抹茶の道具に比べて、さらに小さなものである。こうした煎茶道具と取り合わせるには、あまり大きなものは合わなかったようだ。このためか、明治年間に入ると煎茶会、あるいは文人画家の書画会などで、一室が盆栽席に当てられるケースが登場してくる。大きな盆栽を飾るために、盆栽だけの席が独立したのである。煎茶と文人画、盆栽は愛好家の層が共通しており、これらが集まって中国趣味の文化サークルのような形となっていく。

こうした煎茶会の形式を基に、明治期には盆栽を中心とした「陳列会」が登場してくる。明治二十五年（一八九二）には東京向ヶ丘の神泉亭を会場に「美術盆栽大会」が開催され、その様子は三冊組の図録『美術盆栽図』として刊行されている。また同三十六年にも同様の陳列会の図録である『盆栽瓶花聚楽会図録《ぼんさいへいかじゅらくかいずろく》』（義晶堂）が刊行されており、当時の盆栽陳列を知る上での好資料となっている。これらの絵図面では、畳に屏風を立て、その前に卓や地板を据え、その上に盆栽を飾る様子が描かれている。

そしてこの頃には、木と盆器、さらには卓・地板の取り合わせが、相当に吟味されるようになっていた。例えば東京の盆栽界を牽引していた木部米吉（苔香園）は、逸名の陶工「呑平《のんべえ》」に細かな指示を出しながら、盆栽に合う鉢を制作させている。また大宮盆栽美術館に所蔵される「富貴卓」には「明治壬寅《じんいん》仲秋」、すなわち明治三十五年という記銘があり、この時代に盆栽を飾るための卓が専門的に制作されるようになっていたことを示している。

明治期の盆栽陳列（『盆栽瓶花聚楽会図録』　国立国会図書館）

❖——座敷飾り

こうして室内に持ち込まれた盆栽の「陳列会」は、およそ大正期を通じて、趣向を凝らした「座敷飾り」へと深化を見せていった。

大正三年（一九一四）刊行の金井紫雲『盆栽の研究』（隆文館）には、「盆栽の鑑賞」という章があり、室内における陳列法について細かく指導している。その方法は、床の間には掛幅と卓に載せた香炉、床脇には置物や瓶花などを飾り、盆栽そのものは床の間に近い畳の上に、青毛氈《もうせん》を敷いて飾るというものである。取り合わせとしては金屏風、白屏風、風炉先屏風、それに卓などが言及されており、全体的には『美術盆栽図』と同様の飾り方がつづいていたのである。

ただし段々と飾り方は複雑になってきてい

る。たとえば「真《しん》」「行《ぎょう》」「草《そう》」の三段階に分けられた格式や、季節に合わせた掛幅や添え物の取り合わせなどである。また小さな盆栽を置く水板（薄板）には、真体であれば「矢筈《やはず》」、行体であれば「蛤《はまぐり》刃《ば》」を使うようにと述べている。矢筈というのは、板の端が「V」の字の形に削られているもの。生け花では、唐銅のような金属製の「真」の格式の花瓶であれば、この矢筈板を使う約束になっている。陶磁器の花瓶などは「行」の格式になり、端の丸まった蛤刃を使うことになる。これは盆栽を座敷に飾り付けるために、生け花の作法が参考にされたことを物語っている。

大正年間には、第四章で言及した「小天地会」が登場し、趣向をこらしながら、盆栽と古美術品を組み合わせるようになっていく。しかしやはり床の間には掛け軸と香炉、脇床には美術工芸品を飾り、肝心の盆栽は屏風の前に飾るという方式であった。特に小天地会は、「紅葉館」といった料亭を会場に使っているが、大きな盆栽が飾れるような床の間は限られていたのだろう。大正の頃までは、盆栽を床の間に飾る例はほとんど見られない。

では盆栽がまったく床の間に飾られなかったかというと、そうでもない。例外的なものではあるが、明治十年（一八七七）の『直入《ちょくにゅう》翁《おう》寿筵《じゅえん》茶会《ちゃかい》図録《ずろく》』において、床の間に小さな盆栽を並べている図を見ることが出来る。明治期の雑誌『盆栽雅報』の写真を見ても、床の間に盆栽を飾る例は確認できるが、洗練されているとは言い難い。

そんな中、盆栽を床の間に飾った人物として名前を残しているのが、宮内大臣の渡辺《わたなべ》千秋《ちあき》である。一介の諏訪藩（長野県諏訪市）の武士であった千秋が、明治政府の高官になったのには逸話がある。明治元年、千秋の弟である渡辺国武が京都御所の警備をしていた際、鑑札無しで入ろうとした大久保利通《おおくぼとしみち》を追い帰したのである。この実直さが買われ、千秋と国武の兄弟は大久保に引き立てられ、国武は大蔵大臣、千秋は宮内大臣へと出世していく。

「楓関《ふうかん》」と号した千秋はなかなかの盆栽愛好家で、先述の『盆栽瓶花聚楽会図録』では、上巻の題字を揮毫している。この千秋がどのように盆栽を飾ったかについては、こんな記事が残されている。

渡辺千秋男の如きハ、画も字も書かない、白地の掛物を搽《こし》らえた。是れは盆栽を其前に置て、幅中の活画たらしむるの趣向で、置かんとするものの大小に応じて、幅の寸尺を加減せねばならぬから、彼是れ二十幅足らずも搽えたそうな。

（『萬朝報』明治三十五年四月二十九日）

つまり白無地の掛け軸を床に掛け、その前に盆栽を飾ることで、盆栽を絵の中の樹木に見立てるわけである。またこの白無地の軸も、盆栽の大きさに合わせて二十幅近く作らせていたらしい。この飾り付けは、「楓関式の盆栽鑑賞法」とも呼ばれた特殊なものであるが、遅くとも明治の後半には、盆栽を床の間に飾る工夫がはじまっていたようだ。

昭和期の座敷飾り（『全日本美術盆栽写真集』）

そして昭和に入ると、床の間に軸を掛け、その前に主役となる盆栽「主木《しゅぼく》」と、脇役としてこれを引き立てる小さな盆栽「添《そ》え」を配置するという形式が確立してくる。この主木が季節を問わない松などの常緑樹であれば、添えは季節を感じさせる落葉樹類（雑木盆栽）であり、逆に落葉樹を主木にする場合には、常緑樹を添えにする。また盆栽を引き立てるために、力強い筆の墨蹟や、鳥や月といった自然の空間を感じさせる掛け軸が選ばれるようになる。

上に掲載した写真は、昭和十四年開催の「全日本美術盆栽大展覧会」における、中野忠太郎の座敷飾りである。床の間には横物の墨蹟と、主木のエゾマツ、添えの草物が取り合わされている。もう一つ注目するべきは、床の間の隣に飾られている盆栽である。実は、これが名木「日暮し」のかつての姿である。今日の価値観では、こちらを床の間に上げなければならない所だが、当時は大型の盆栽を無理に床の間にあげる必要はなかったのである。

おそらくこの頃からだろう、この盆栽の向きについて、「右勝手《みぎがって》」「左勝手《ひだりがって》」という言葉が用いられるようになる。実はこの言葉は、茶室の用語である。古くは弓矢を引く時に自由になる右手を「勝手」と呼び、次第に暮し向き、そして台所の別名となった。また、茶室で亭主が点前をする畳の隣に作った、道具を出し入れするための小さな押入れも「勝手」と呼ばれた。そしてこの勝手の向きで、茶室を「右勝手」「左勝手」と呼び分けるようになったのである。先に述べた薄板の例にも見られるように、盆栽が茶の湯や生け花を参考にしながら用語を取り入れ、伝統文化としての体裁を整えようとした様子がうかがわれる。

そしてここにも、盆栽の大きな転換点があった。かつては中国趣味と結び付いていた盆栽が、次第に日本趣味へと転向していったのである。明治時代の前半には社会的に顧みられなくなっていた日本の伝統文化は、明治の後半より、日本文化を至上のものと捉える国粋主義《こくすいしゅぎ》の台頭を背景に盛り返してくる。これを後追いする形で、中国趣味から日本的な文化へと、盆栽はさりげなく宗旨替えをしているのである。

❖――展覧会の登場

このように、座敷飾りの方式が工夫されると同時に、盆栽界にはもう一つの流れ、「展覧会」

という形式が生まれてくる。この盆栽の展覧会の産みの親が、小林憲雄《こばやしとしお》である。

大正九年、清大園の清水利平を中心に「大日本盆栽奨励会」が発足し、翌年には機関誌『盆栽』の刊行がはじまる。その主筆に呼ばれたのが、雑誌『国粋』の記者であった小林である。小林は盆栽に夢中になり、「是空道人《ぜくうどうにん》」の筆名で『盆栽』誌を盛り立て、多くの盆栽論を書いていった。大正十二年の関東大震災では多くの盆栽園が大打撃を受け、大日本盆栽奨励会の運営も傾いてしまう。しかし小林はくじけず、自ら「叢会《くさむらかい》」を設立して運営を引き継ぎ、献身的に『盆栽』刊行を継続しつづけた。そんな小林が、盆栽界の更なる発展を目指して企画したのが、盆栽の「展覧会」なのである。

小林の展示についての主張は、昭和五年の『盆栽の研究』(博文堂)に掲載した、次の一文によく表れている。

盆栽は本来棚で見るべきものではない、書画や他の美術品と同じく室内に飾って鑑賞すべきものである。

これまで見てきたように、盆栽を室内に飾るという記録は江戸時代までの記録にはほとんど見られず、浮世絵などに描かれる際にも、その大部分は屋外に配されていた。その意味でここに登場した小林の主張は、盆栽の歴史に根ざしたものとは言えないだろう。小林が、なぜこのように室内という点を強調しなければならなかったかといえば、それは絵画や彫刻といった「美術」作品の鑑賞が、「美術館」という屋内展示施設で行われるものとなっていたからである。小林が室内鑑賞を強調しているのは、盆栽が絵画や彫刻と対等であるという主張なのである。

小林は、この『盆栽の研究』に先立つ昭和二年十月に、竣工したばかりの東京朝日新聞社講堂において「明治大正記念全国代表名木盆栽展覧会」を開催している。これは屋内を会場とした大規模な盆栽の展覧会として、画期的なものであった。つづいて翌三年からは日比谷公園を会場として「全日本盆栽大会」を開催し、同八年まで継続している。この「全日本盆栽大会」に際して、小林は宮内省式部長官であった伊藤博邦《ひろくに》に直訴し、皇居の盆栽を借りることに成功している。これをさきがけとする一般公開を通じて、皇室の盆栽は特別な権威を獲得していくのである。

そして昭和九年、小林は第一回「国風盆栽展《こくふうぼんさいてん》」の開催に漕ぎつける。この国風盆栽展は、東京府美術館（現・東京都美術館）を会場としている点に大きな意味をもっていた。東京府美術館は、帝国美術院展覧会や日本美術院展といった、主要な美術展が開催されていた「美術の殿堂」である。しかしその使用には、美術館の評議員から許可を得なければならず、特に洋画家の石井柏亭《いしいはくてい》が嫌がったらしい。しかし園芸に理解のある彫刻家の朝倉文夫《あさくらふみお》の応援を受け、三年がかりで認可を得たのである。盆栽を「美術」に並べるという、小林の悲願が達成された瞬間であった。

展覧会の名前にもあるように、小林は「国風」という言葉を強調した。本来「国風文化」といえば、中国文化の影響が制限された平安時代に発達した日本独得の文化であり、具体的にはかな書・やまと絵などを指す。この「国風盆栽展」という名称も、盆栽を中国趣味から切り離し、日本文化として認知を図ろうとした戦略であった。

当初の国風盆栽展の出品は会員制であり、会長である松平頼寿《まつだいらよりなが》をはじめとし、旧姫路藩主家の酒井忠正《さかいただまさ》や旧秋田藩主家の佐竹義春などの華族、あるいは根津嘉一郎《ねづかいちろう》などの財界人が名を連ねていた。しかし昭和十八年の第十八回からは『盆栽』誌上で会員の募集を始めるなど、公募展的性格を強めていく。そして戦後の昭和四十年に社団法人「日本盆栽協会」が設立され、「国風盆栽展」の運営を引き継ぐことになる。

そしてもう一点、盆栽の展示会場としては、「東京盆栽倶楽部（現・上野グリーンクラブ）」が登場する。昭和初期までは、古美術商が集まって設立した「東京美術倶楽部」が、盆栽の売り立て会の会場としても用いられていた。しかし書画骨董に盆栽が付随するというイメージが強く、盆栽業者の間では盆栽を専門とする「盆栽倶楽部」の設立を求める声があがっていたのである。こうした中、上野公園の一部を借地していた丸新百草園が立ち退くことになった。そこで小林が東京市と東京盆栽組合の仲介を行い、昭和十四年、その跡地に東京盆栽倶楽部が設立されたのである。国風盆栽園の開催される上野公園に隣接するという好条件にある盆栽倶楽部は、盆栽専門の展示会場として、また盆栽売り立て会の会場としても活用されていく。

この小林の実現した展覧会形式は、展示空間の公平化という側面も持っていた。それまで盆栽会の会場として用いられていた料亭では、割り当てられた部屋はそれぞれ間取りが異なっており、部屋ごとに合わせた飾り付けが求められた。しかし戦時下の空襲により、紅葉館《こうようかん》、星岡《ほしがおか》茶寮《さりょう》といった、かつての名門料亭は都心部から姿を消してしてしまう。その影響もあってか、小天地会に代表される陳列会は下火になっていき、それと交代するかたちで、国風盆栽展を頂点とする公募展が盆栽界の中心となったのである。これに伴い、盆栽を飾る会場も、東京都美術館や東京盆栽倶楽部へと移行していく。そしてそれは同時に、出品者一人に割り当てられる空間が、公正に規格化されることを意味していた。そしてこうした展覧会の会場では、掛け軸などの使用に制限がかかる。言ってみれば展覧会の展示は、公正ではあるものの略式となった。それが逆に、座敷飾りを正式な飾り付けとし、権威を高める結果を招いたのである。

こうして、戦後の盆栽界では、美術館、そして展覧会が最高の舞台となっていく。戦前の座敷飾り、特に小天地会のような世界は、政財界人を中心とした特権的な部分があった。しかし戦後は公募展へと移行し、盆栽愛好家の増大に適応した、大衆化を完成させたのである。

幻の陶工・呑平

盆栽愛好家の間でのみ知られる、幻の陶芸家がいる。「呑平《のんべえ》」というあだ名だけが伝わり、住所や来歴はおろか、本名もわからないという、謎の人物である。

この呑平を世に出したのが、苔香園《たいこうえん》の木部《きべ》米吉《よねきち》であった。盆栽界の言い伝えでは、呑平は苔香園にあらわれては、盆栽用の鉢と水盤を置いていった。この鉢の代金をすべて酒に変えてしまうほどの酒好きであったため、「呑平」というあだ名が付けられたのである。

呑平の作品には、大型の水盤が多い。とりわけ瑠璃色の釉薬をかけられた水盤は、一見しても、どこが見どころなのかわからない。しかし呑平作品の特徴は、一メートル近くもある大型の水盤を、一部のゆがみもなく、美しい直線を引いて焼き上げている点にある。粘土は窯の中で収縮するので、大きな器ほど、ゆがませずに焼くことが難しい。このため一説には、石製の水盤に釉薬をかけて焼いているのではないかとも言われている。

呑平の名を高めているのが、皇居への献上である。米吉は皇居への献上に際し、その鉢を呑平に注文していたのである。特に名高いのが、モミジの寄せ植えである。皇居には江戸城と呼ばれていた時代より、「紅葉山《もみじやま》」という名所があった。江戸時代には将軍家の文庫と家康をまつる東照宮が置かれ、維新後には皇后が手ずから繭を作る養蚕所となっている。この紅葉山にちなんで、米吉は呑平の鉢に百本ものモミジを寄せ植えし、献上したのである。後に宮内大臣となる渡辺《わたなべ》千秋《ちあき》は、無名の物を皇室に納めるわけにはいかないと、呑平に「小倉焼《おぐらやき》」の窯名を与えている。これは「小倉百人一首」にある、藤原忠平の一首「小倉山みねのもみぢば心あらば　今ひとたびのみゆきまたなむ」にちなんだものである。大意は「天皇の行幸を待つまで、どうかもみじよ散らないでくれ」、皇居への献上品にふさわしい名前である。

このように皇居への献上に用いられた他、呑平の作品は民間にはほとんど出回っておらず、その数は百点をこえないだろうといわれている。そのあまりの稀少さのため、鉢の愛好家の間では垂涎の品となっている。

米吉の直弟子である香風園・吉村鋭治《えいじ》も、鋳金作家の原田《はらだ》峯雲《ほううん》を指導している。原田は生け花用の花生を専門としていた作家だが、その腕を見込んで盆栽・水石用の水盤を作らせた。原田が得意としたのが「斑紫銅《むらしどう》」という技法で、そのマーブル文様の入った重厚な銅製の水盤は、とくに水石の愛好家の間で宝物として扱われている。

明治から昭和にかけての盆栽流行は、こうした名器を生み出したのである。

おわりに

毎年十一月の一日から十五日にかけて、新宿御苑で菊花壇が公開される。これは仮設の屋台に幕をはるなど、江戸時代の雰囲気を今に伝えている。この菊花壇も、実は明治維新によってすたれかかっていた。それを皇室が庇護し、観菊会としてイベント化したのである。戦前までは宮内省が主催していたが、現在では環境省に移管されている。菊花壇は皇室という後援者を得て、近代社会に適応できた園芸文化であった。

この他にも江戸の園芸趣味を現代に伝えているものとしては、入谷のホオズキ市などがあげられる。またアサガオやオモトの愛好など、江戸時代の名残りをとどめた園芸の世界ものこされており、近年では「古典園芸植物」とよばれている。そして園芸史では、このキクやアサガオなど、鉢植えで育てられて来た園芸植物への関心が高い。そうした中、盆栽というと、ともすれば鉢植えの一分野として矮小化されがちであった。そんな風潮に対し、文化史の視点から盆栽の復権を訴えるのが、本書の意図したところである。

さて、キクやアサガオに比べると、盆栽には江戸時代の美意識はまったくのこされていないことに気付かされる。本書で見てきたように、近代の「盆栽」にいたる過程には、二つの系譜があった。一つは鉢植えで樹木を育てる「鉢木」である。鎌倉時代には独自の発達をみせており、幹が屈曲したものが好まれていたことは、『徒然草』にも見えている。江戸時代に流行した「蛸作り」も、その発展形とみてよいだろう。もう一つが、石に樹木を根付かせた「盆山」である。こちらも足利将軍家、織田信長に愛好された趣味であった。しかし江戸時代後半になると、関西を中心に煎茶趣味の影響を受けた「盆栽」が登場してくる。その流行の下に、「蛸作り」は「盆栽」へと改作され、鉢も染付から泥物へと移行していく。「盆山」も「石付き盆栽」と呼び変えられ、「盆栽」の枠組みへと吸収されていってしまう。このように「盆栽」とは、江戸時代までの園芸文化を下地としながらも、近代になって新しく誕生した文化だったのである。

やがて盆栽は、明治宮殿で飾られるようになる。さらに政界、財界で流行を見せ、上流階層の趣味として定着していった。このように考えると、日本近代史の中では、無視できない重要な文化であったことがわかる。

しかしその当時、盆栽は「伝統文化」の扱いではなかったという点も注意したい。明治時代は西洋文化がもてはやされる一方、中国の文化を愛好する文人趣味も流行しており、盆栽はこちらに属する趣味であった。しかし明治の後半になって国粋主義が高まると、日本の文化が見直されるようになり、茶の湯や生け花の権威が高まっていく。この「伝統文化」の見直しの中、盆栽もその流行に乗り換えようとする。座敷飾りなどを通じて茶の湯や生け花の要素を取り込み、日本の「伝統文化」としての形式を、後追いでととのえていったのである。つまり盆栽は、伝統文化という枠組みがある程度できた後で、「遅れて参加した」文化であった。

❖――盆栽の美意識

この盆栽の美意識とは、果たしてどのようなものだろうか。

盆栽の世界では、その美意識を表すために、よく「わび」「さび」という言葉を使う。しかしよく知られているように、「わび」は茶の湯の世界で用いられる言葉である。本来の意味は「零落する・落ちぶれる」というものであり、転じて立派なものではなく、簡素なものに高度な美を見出す態度を指している。また「さび」は、茶の湯にくわえ俳諧でも重用視された美意識である。語源の「さび」は「錆びる」に通じており、金属の錆と同じように、年数を重ねた様子に美を見出す態度といえる。

さてこの「わび」「さび」だが、盆栽の美意識を表す言葉として適切かどうか、筆者はかねて疑問に思ってきた。盆栽において、簡素さを追求するという態度はあまり感じられない。また百年以上の年数を経た樹皮は、或いは「さび」に通じるかもしれないが、新しい芽吹きもまた盆栽の重要な魅力であるため、今ひとつしっくりこない。何より茶の湯や俳諧と結び付いた「わび」や「さび」を盆栽に用いるのでは、借り物を据えただけのような気がしてならない。

むしろ盆栽という文化の柱となっているのは、「自然」の一語ではないかと思う。この「自然」という言葉が、盆栽に関連して使われるようになるのは、明治期の後半のことであった。盆栽を見ていると、春ごとにおとずれる芽吹きの瑞々しさに驚かされる。これは生きている植物を相手に、日々愛情を注いで行くことで得られる、盆栽ならではの手応えである。また数百年の歳月を経た幹や樹皮のすごみも、盆栽の重要な魅力である。そうした人間の力がおよばない領域を表そうとした時、「自然」という言葉があてはめられたのだろう。

そして現在の盆栽は、大自然を縮小して、鉢の中に再現することを目指すようになっている。本書の最初でも述べたが、鉢に植えた木を放置しても、自然が再現されるわけではない。人が手を加えることで、野にある花の再現を目指す、これは茶の湯における花の理念である。盆栽も同様に、人が手を入れることで、逆に「自然」を目指す文化である。崖に根を張り、枝を下方へと伸ばして生きる木の姿を摸した「懸崖《けんがい》作り」や、強風にあおられているかのように作る「吹き流し」などは、その典型である。

このように盆栽の歴史を見てくると、そこにもう一つ、大衆化への道筋があったことに気づかされる。

「蛸作り」のような型にはまった「鉢木」は、専門の職人ならではの、まさに作りもの世界であった。その見どころは幹や枝をいかに曲げるかといった技術にあり、素人がおいそれと手を出せるものではなかっただろう。

しかし近代の「盆栽」は、より自由度の高いものとなった。「鉢木」から高度な培養、整姿の技術は引き継ぎつつも、「自然」を規範とするという美意識が、可能性を広げたのである。盆栽には無理に型にはめる必要も、高度な技術で整形しきる必要もなく、樹木それぞれの個性を伸ばせばいいのである。それは文学で言えば、和歌から俳句を経て、近代の自由詩にいたる流れに似ている。誰でも手を出せるという手軽さが、大衆化を可能としたのである。

❖――世界へ広まる盆栽

第二次世界大戦後、敗戦国の文化であった盆栽は、早くも進駐軍を通じてアメリカ人に受け入れられていった。そして現在、盆栽は全世界に広まっている。イタリアやスペインには愛好家が多く、またフランスでも若い愛好家が増えているという。「日本文化」と言えば、茶の湯や生け花よりもメジャーだとさえ聞くこともある。誰でも手軽に、樹木の生命力と、自然を規範とした美の世界に接することができる。この特色こそが、盆栽の世界化を可能としたのである。

最後に、本書を上梓する上で直接的、間接的にお世話になった皆様に、御礼を申し上げたい。先行研究としては、岩佐亮二氏、丸島秀雄氏、大橋康二氏、平野恵氏の著作を参照した。本書を書くきっかけを下さったのが、富山大学の大熊敏之先生と、東洋英和女子大学の岡本浩一先生であった。また執筆中、東京芸術大学の佐藤道信先生と片山まび先生、盆栽美術館の同僚であった森隆宏氏、田口文哉氏、木元規文氏、井上拓巳氏、本田光子氏にも、大変お世話になった。原稿のチェックでは、八尾嘉男氏、足立元氏らのご助力を賜った。また日本ペンクラブの城塚朋和氏、福岡県教育庁文化財保護課の正田実知彦氏、新宿歴史博物館の今野慶信氏からは、貴重な情報をいただいた。そして最後に、本書の構想に興味をもっていただき、刊行までお世話して下さった、大修館書店の木村悦子氏に、感謝の意を述べたい。

宮崎修多「茗讌図録の時代」『文学』第七巻第四号、1996
ロバート・フォーチュン　三宅馨訳『幕末日本探訪記』講談社、1997
村田勇「皇居と盆栽文化」『皇室の盆器』毎日新聞社、1998
ハインリッヒ・シュリーマン　石井和子訳『シュリーマン旅行記　清国・日本』講談社、1998
黒板勝美『国史大系 徳川実紀』吉川弘文館、1998
大熊敏之「序説：日本近代美術のなかの書と生花、盆栽」『三の丸尚蔵館年報・紀要』宮内庁、5～7 号、1998～2000
竹内理三『続史料大成　蔭涼軒日録』臨川書店、2000
横山恵美「文献資料にみる竹本焼の特徴と変遷」『豊島区立郷土資料館年報 15』豊島区、2001
竹山浩『淡交ムック　盆栽入門』淡交社、2002
『靖国の庭と茶室　神池と洗心亭・靖泉亭の修復記録』靖国神社、2003
両角かほる「翻刻『御茶会記』（上・下）」『泉屋博古館紀要』第 19・20 号、2003・2004
大橋康二『将軍と鍋島・柿右衛門』雄山閣、2007
小林優子「野口小蘋筆『蘭畹四十八石帖』と岩崎弥之助の水石収集」『文房清供—書斎の美術—』静嘉堂文庫美術館、2007
宮田一也『大宮盆栽村クロニクル』アーカイブス出版、2008
フレドリック・R・ディキンソン『大正天皇——躍五大洲を雄飛す』ミネルヴァ書房、2009
『美術コレクション名品選』さいたま市大宮盆栽美術館、2010
深谷信子「酒井忠勝と将軍家光・家綱そして小堀遠州」『酒井忠勝と小浜藩矢来屋敷』新宿歴史博物館、2010
成田涼子「「植木屋」出土の「植木鉢」—鉢物生産の器—」『都市江戸のやきもの』江戸遺跡研究会、2010
『昭乗と徳川家ゆかりの人々』八幡市立松花堂美術館、2011
正田実知彦「佐崎可村の経歴と作庭事例」『日本庭園学会研究大会発表要旨集』2011
平野恵「明治後期における植木屋の階層—縁日植木屋と高等植木屋—」『さいたま市大宮盆栽美術館　年報・紀要』1 号、2011
依田徹「近代における盆栽飾り—陳列・床の間飾り・展覧会—」『大宮盆栽美術館　年報・紀要』1 号、2011
依田徹「近代の盆栽愛好—皇室・政界・財界—」『大宮盆栽美術館　年報・紀要』2 号、2012
田口文哉『〈盆栽〉の物語』さいたま市大宮盆栽美術館、2014

主要参考文献

刊行年順

村田利衛門「盆栽昔物語」『盆栽雅報』54～56、盆栽同好会、1910
金井紫雲『盆栽の研究』隆文館、1914
島内登志衛『大正名人録』黒潮社、1918
高須梅渓『大隈會舘之栞』大隈會舘発行、1924
波多野承五郎『古渓随筆』実業之日本社、1926
千葉胤明『明治天皇御製謹話』講談社、1938
『伯爵伊東巳代治』晨亭会、1938
『郷誠之助君伝』郷男爵記念会、1943
芳賀幸四郎『東山文化の研究』河出書房、1945
『住友春翠』住友春翠編纂委員会、1955
『松平頼壽伝』松平公益会、1964
『瀬戸市史　陶磁篇三』瀬戸市、1967
『史料纂集 山科家礼記』続群書類従完成会、1967
宮内庁『明治天皇紀』吉川弘文館、1968
エドワルド・S・モース『日本、その日その日』平凡社、1970
『岩崎弥之助伝』岩崎家伝記刊行会、1971
『史料纂集　兼見卿記』続群書類従完成会、1971
岩佐亮二『盆栽文化史』八坂書房、1976
藝能史研究会『日本庶民文化史料集成 10　数寄』三一書房、1976
深沢秋男『井関隆子日記』勉誠社、1978
『小林憲雄伝　国風芸術盆栽の恩人』日本盆栽協会、1978
『伝承の盆栽』樹石社、1979
土井忠生、森田武、長南実編訳『日葡辞書』岩波書店、1980
丸島秀夫『日本盆栽盆石史考』講談社、1982
『盆栽大事典』同朋舎出版、1983
『有田町史　陶業編 1』有田町、1985
田森襄『新釈漢文大系 73　唐宋八大家文読本（四）』明治書院、1989
西園寺公望『陶庵随筆』中央公論社、1990
高橋義雄『萬象録　巻八』思文閣出版、1991
「当流閣書口伝」『続 石井至穀著作集』世田谷区教育委員会、1992
『植木屋のある風景―〈園芸都市〉の地域をさぐる―』豊島区郷土資料館、1993
『上野グリーンクラブ竣工記念盆栽展』上野グリーンクラブ、1993
『西園寺公望伝　別巻一』岩波書店、1996

にはレンタルサイクルなどの手段がある。

http://www.showakinenpark.go.jp

上野グリーンクラブ

平成4年（1992）に竣工した、日本盆栽協同組合の本部施設。イベントホールとして盆栽展をはじめ、各種展示会が行われている。また組合員による、盆栽の常設売店もある。施設の前身は昭和14年（1939）に開設された東京盆栽倶楽部であり、東京における盆栽の売り立て会場として活用されてきた。

営業時間：10:00〜17:00（催事日は9:00より）

定休日：毎週水曜日

〒110-0007 東京都台東区上野公園3-42

TEL：03-5685-5656

地下鉄千代田線「根津駅」2番出口より徒歩3分、JR「上野駅」より徒歩15分

〒331-0804 埼玉県さいたま市北区土呂町2-24-3

TEL：048-780-2091

JR 宇都宮線「土呂駅」東口より徒歩5分、東武野田線「大宮公園駅」より徒歩10分

http://www.bonsai-art-museum.jp

国営昭和記念公園　盆栽苑

平成16年（2004）11月3日に開園した、日本初の公営盆栽展示施設。（社）日本盆栽協会の協力を得て全国各地の愛好家から寄贈された、国風盆栽展クラスの名品約60鉢が中心となる。盆栽が作られていく過程を分かりやすく解説する、初心者向けの学習ゾーンもある。昭和記念公園は旧日本陸軍立川基地の跡地であり、米軍による接収を経て、昭和58年（1983）から国営公園として一般開放された。

大人（15歳以上）410円（団体290円）、小人（小・中学生）80円（団体50円）、シルバー（65歳以上）210円、年間パスポート：大人4,100円、小人800円、シルバー2,100円

開園時間：季節により変動

休園日：毎年12月31日、1月1日、及び2月第4月曜日とその翌日

〒190-0014 東京都立川市緑町3173

TEL：042-528-1751（昭和管理センター）

JR 中央線「立川駅」より徒歩10分で「あけぼの口」に到着。その後、広大な園内の移動

さいたま市大宮盆栽美術館

平成22年（2010）3月28日に開館した、さいたま市立の盆栽美術館。旧高木盆栽美術館のコレクションを核とした盆栽の名品約100鉢に加え、盆栽鉢や園芸に関する浮世絵などを所蔵する。コレクションを展示するとともに、各種の講座、講演会などの普及事業をも積極的に開催している。また学芸員による研究事業により、学際的な盆栽研究の確立を目指しているのも特色である。近接する大宮盆栽村には、有名な盆栽園が点在している。

一般300円（団体200円）、高校生・大学生・65歳以上150円（団体100円）、小学生・中学生100円（団体50円）

開館時間：9:00～16:30（11月～2月は16:00まで）

休館日：毎週木曜日（祝日を除く）、年末年始、臨時休館日あり

大盆栽祭り　昭和59年（1984）に始まる、大宮盆栽村を会場としたイベント。「盆栽四季の家」を会場とした特別展示をはじめ、市民盆栽展、そして100店を超える路上での盆栽・盆器即売会が行われる。

毎年5月3日～5月5日

東武野田線「大宮公園駅」からJR宇都宮線「土呂駅」にかけて、大宮盆栽村全域で開催

日本盆栽大観展　関東の国風盆栽展に並ぶ、関西を代表する盆栽の展覧会。日本盆栽協同組合の主催事業として、昭和57年に始まった。開催は11月の下旬で、京都市勧業館みやこめっせを会場としている。

・日本盆栽協同組合

〒110-0007 東京都台東区上野公園3-42

TEL：03-3821-4587

・京都市勧業館みやこめっせ

〒606-8343 京都府京都市左京区岡崎成勝寺町9-1

TEL：075-762-2630

地下鉄東西線「東山駅」より徒歩約8分

市バス5、100系統「京都会館美術館前」下車

市バス206系統 東山通り・北大路バスターミナル行き「東山二条」下車

国風盆栽展　昭和９年（1934）より続く、日本を代表する盆栽展。何回かの例外はあるものの、東京府美術館（現・東京都美術館）を会場としてきた。当初は国風盆栽会の主催であったが、戦後は日本盆栽協会へと移行した。開催は毎年２月の上旬。全国から選りすぐりの盆栽が出品され、その中から選ばれる「国風賞」は、盆栽界で最高の名誉とされる。

・一般社団法人 日本盆栽協会
〒110-0008 東京都台東区池之端 2-8-1
TEL：03-3821-3059
・東京都美術館
〒110-0007 東京都台東区上野公園 8-36
JR 線「上野駅」より徒歩５分

た「盤根（ばんこん）」も見られる。

立上がり *Tachi-agari* (the lowest part of trunk)
たちあがり

文字通り、幹が根元から立ち上がる部位を指す。盆栽の特徴を決定付ける。特に大木をイメージさせるには、上にいくに従って、自然に細くなっていくことが重要で「コケ順」と呼ぶ。

枝配り *Eda-kubari* (graceful branch shapes)
えだくばり

幹から伸びた枝の、配置の様子を指す。枝の太さや間隔が、バランスよく配置されていること。

葉性 Leaf
はしょう

葉の性質の事。例えば同じゴヨウマツであっても、個体ごとに色や長さの性質が異なってくる。特に盆栽に仕立てる上では、先天的に葉の小さな木が好まれる。

りとした、陶磁器製の鉢が作られるようになり、現在でも「石台」と呼ばれている。

◉鑑賞のポイント

「ミニ用語集」では、木の種類や形の分け方を紹介した。ここでは、木の良し悪しの見分け方のポイントとなる見どころを挙げる。

ジン *Jin*（withered branches）
じん

幹、枝の先端にあって、部分的に枯れた部位を指す。磨かれると白くなり、松柏盆栽においては、葉の緑色とのコントラストが、大きな見どころとなる。

シャリ *Shari*（withered trunk）
しゃり

「ジン」と同様に部分的に枯れて白くなった部位で、幹の途中にある場合を「シャリ」と呼ぶ。名称は、釈迦の骨を指す「仏舎利」に由来する。

根張り *Nebari*（visible root spread）
ねばり

盆栽の根が張り出し、土をつかむ様子を指す。年齢を重ねた盆栽は、根元が力強く隆起しており、まさに樹木の生命力を感じさせる部位である。またモミジやカエデでは、広がった根が癒着して蟹の甲羅状に成長し

て、宜興にならった鉢が作られるようになった。

交趾 Cochin ware
こうち
中国南部の陶磁器。交趾の名前は、ベトナムのコーチシナからの貿易船でもたらされたことに因む。盆栽界では、主に白い釉薬のかかった陶器が好まれ、石付き盆栽を飾る水盤に用いられてきた。

染付 Blue and white ware
そめつけ
白地に青色の意匠が入った磁器。染付は日本独自の呼び名で、中国では「青花」と呼ばれる。素焼きした素地の上にコバルト顔料で絵付けを行ない、その上から透明釉をかけて焼成する。

南蛮 Namban ware
なんばん
荒い土目をした、素焼きの陶器。「南蛮」とは、本来は茶道具の呼び名で、本来は南蛮貿易でもたらされた東南アジア製の素焼きの陶器を指す。

石台 Sekidai pot
せきだい
古くは盆山を飾るための、取っ手の付いた木製の箱を称した。後に、この取っ手を飾

剪定 Pruning
せんてい

ハサミを用いて、枝を切除する作業。盆栽全体のバランスを考えながら、残す枝を決めるセンスが問われる。

針金かけ Wiring
はりがねかけ

枝に針金を巻き付けて、矯正を行う作業。針金は銅製とアルミニウム製が用いられ、また枝に合わせて太さの違う針金を使い分ける。

植え替え Repotting
うえかえ

鉢から樹を外し、目がつまって固くなった土を取り替えると共に、不要な根を切り取る作業。成長中の若い木であれば毎年行なうが、老木になると2〜6年に一度となる。

山採り *Yamadori*（Collections from mountains）
やまどり

盆栽の素材とするために、山に自生している樹木を採取すること。

[鉢の種類]

泥物 *Dei-mono*（Unglazed earthenware）
でいもの

中国の宜興を産地とする素焼きの陶器で、土の色により「紫泥《しでい》」「烏泥《うでい》」などと呼び分けられる。日本では、愛知県の常滑におい

添配《てんぱい》 *Tenpai*（Ornament）

盆栽、箱庭などに添える、小さな置物。人物や船をかたどり、景色をイメージさせるのを助ける役割を持つ。金属製、陶磁器製などがある。

卓《しょく》 *Shoku*（Table）

盆栽を飾るための木製の飾り台。紫檀、黒檀などの唐木を用いたものが貴ばれる。古くは中国から輸入されたものを用いていたと考えられるが、明治時代には大型の盆栽を飾るための卓を専門に作る作家も登場した。

地板《じいた》 *Jiita*（Bord）

盆栽を飾るための木製の敷板。「卓」とは異なり、柱を持たない一枚板の構造のものを指す。

［技法］

水やり《みずやり》 Watering

文字通り、盆栽に水をあたえる毎日の基本作業。盆栽界では「水やり三年」といい、盆栽ごとに必要な加減を見極められるようになるには、それだけの年数がかかるとされる。

箒作り Broom style
ほうきづくり

垂直に立ち上がった幹から、放射状に枝を伸ばした形。箒を逆さにしたような姿から、この名を持つ。主にケヤキに用いられる。

サバ幹 *Sabakan*（hollowed trunk）
さばかん

大きな裂け目を持ち、内側の木質部が表れた幹を指す。長い歳月の間に自然の災害等で生まれたものが貴ばれるが、人工的に作り出されたものもある。

根洗い *Nearai*（Moss ball）
ねあらい

根を発達させて鉢から抜き、根を露出させたもの。土の中で複雑に広がった、根の造型が見どころとなる。また草もの根洗いで、コケで覆われたものを「コケ玉」と呼ぶ。

[取り合わせ]

水石 *Sui-seki*
すいせき

山や浜辺を連想させる、石のこと。座敷に盆栽を飾る際の取り合わせに用いられる。「盆石」と呼ばれていたが、明治期より次第に「水石」の呼称が広まった。

寄せ植え *Yose-ue*（groupe planting）
よせうえ

一つの鉢に、複数の樹木を植え付けたもの。同じ樹種を寄せ植えにすることで、森や林のような姿に仕立てることもある。

石付き *Ishitsuki*（Rock growing）
いしつき

鉢を使わず、石に木を根付かせて、岩場に自生する樹木の様子を表現したもの。

株立ち *Kabudachi*（Clump）
かぶだち

根元から 5 本以上の幹が立ち上がったもの。

双幹 *Sokan*（twin trunk）
そうかん

根元から 2 本の幹が立ち上がったもの。

吹き流し《ふきながし》 *Fuki-nagashi*（windswept trunk）

幹や枝を斜めに仕立て、強風にあおられているような姿に仕立てたもの。

懸崖《けんがい》 *Ken-gai*（cascade trunk）

一度立ち上げた幹を根本より下方へと伸ばしたものを指す。崖に根付いた樹木の姿を写したもの。

文人木《ぶんじんぎ》 *Bunjin-gi*（Literati style）

下枝が少なく、細い幹が軽快な曲線を描くように仕立てられたもの。

あげられる。

草物盆栽《くさものぼんさい》 Herbal Bonsai

トクサやフウチソウなど、草類を用いた盆栽。座敷飾りの際、主木と共に飾る「添え」に用いられる。

［樹形］

直幹《ちょっかん》 *Chokkan*（straight trunk）

一本の幹が垂直に立ち上がったものを指す。⇔模様木

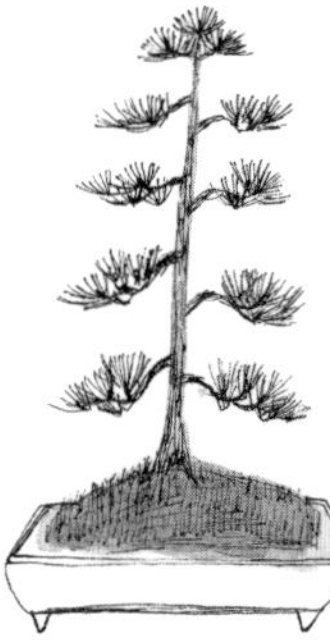

模様木《もようぎ》 *Moyo-gi*（curved trunk）

幹が一直線ではなく、Sの字のように、曲線を描くものを指す。⇔直幹

根連なり《ねつらなり》 *Netsuranari*（sprout style）

一つの根から伸びた幾つもの幹がならび、林のような趣きを生んでいるもの。

盆栽を知ろう

◉ミニ用語集

盆栽には聞き慣れない用語も多い。本書を読む際にも、また鑑賞したり、育てる時にも役に立つ用語をまとめた。

［樹種］

松柏盆栽 *Shohaku*（paine trees）
しょうはくぼんさい

マツ、シンパクに代表される、常緑樹の総称。⇔雑木盆栽

雑木盆栽 *Zo-ki*（deciduous trees）
ぞうきぼんさい

モミジ、カエデなど、落葉樹（一部ツバキなどの常緑樹も含まれる）の盆栽の総称。四季に応じて、芽吹き、紅葉などの変化を見せる。落葉した冬姿も、枝先の様子がわかるため、見頃の一つとなる。花物盆栽、実物盆栽もここに含まれる。⇔松柏盆栽

花物盆栽 Floral Bonsai
はなものぼんさい

花の開花期を見どころとする盆栽。代表的なものとしては、ウメ、ツバキ、サクラ等があげられる。

実物盆栽 Fruit Bonsai
みものぼんさい

果実の実った姿を見どころとする盆栽。代表的なものとしては、カリン、ザクロ等が

付録

盆栽を知ろう―ミニ用語集／鑑賞のポイント　177
盆栽を見よう―盆栽展・美術館・庭園ガイド　167
主要参考文献　162

[著者紹介]

依田 徹（よだ　とおる）
1977 年、山梨県生まれ。東京藝術大学大学院美術研究科芸術学専攻、博士後期課程修了。美術博士。さいたま市大宮盆栽美術館学芸員を経て、現在は東海大学非常勤講師。
専門は日本近代美術史、茶道史。著書に『近代の「美術」と茶の湯』（思文閣出版）、『十三松堂茶会記』（宮帯出版社）。

盆栽《ぼんさい》の誕生《たんじょう》

NDC627／2, xii, 178p／19cm

初版第 1 刷――2014年 5 月20日

著者――――依田《よだ》 徹《とおる》
発行者――――鈴木一行
発行所――――株式会社 大修館書店
〒113-8541 東京都文京区湯島 2-1-1
電話　03-3868-2651（販売部）　03-3868-2290（編集部）
振替　00190-7-40504
[出版情報] http://www.taishukan.co.jp

装丁者――――井之上聖子
イラスト――――大野八生
印刷所――――精興社
製本所――――司製本

ISBN978-4-469-22236-4　Printed in Japan

戦国 茶の湯倶楽部

利休からたどる茶の湯の人々

中村修也［著］／川口澄子［画］

時は戦国、利休がいた。

戦国時代に多くの人々に親しまれた茶の湯。千利休を核として、茶の湯を通した人と人のつながりを「戦国茶の湯倶楽部」というネットワークで捉える。さらに広げて、室町・鎌倉・平安と時代をさかのぼり、嵯峨天皇をメンバーの第一号に任命。総計二十名の茶に関わる人々を、教科書では読めない知られざるエピソードで紹介した人物誌。

◉四六判・256頁　本体1700円
978-4-469-22230-2